MERLÍN MODERNO

DESCUBRE TUS PODERES MÁGICOS

Lon Art

MERLÍN MODERNO

DESCUBRE TUS PODERES MÁGICOS

EDICIONES OBELISCO

Si este libro le ha interesado y desea que le mantengamos informado de
nuestras publicaciones, escríbanos indicándonos qué temas son de su interés
(Astrología, Autoayuda, Psicología, Artes Marciales, Naturismo,
Espiritualidad, Tradición…) y gustosamente le complaceremos.

Puede consultar nuestro catálogo en www.edicionesobelisco.com

Colección Esotérica
MERLÍN MODERNO
Lon Art

1.ª edición: abril de 2024

Título original: *Modern Merlin*

Traducción: *Cristina Zuil*
Corrección: *M.ª Ángeles Olivera*
Maquetación: *Olga Llop*
Diseño de cubierta: *Sara E. Blum*
Ilustraciones: © *2021, iStock*

© 2021, Lon Art
Pubicado en inglés por Beyond Words Pub. Inc.,
Portland, Oregon, USA. www.beyondword.com
Derechos de traducción al español acordados
con Sylvia Hayse Lit. Ag., LLC.
(Reservados todos los derechos)
© 2024, Ediciones Obelisco, S.L.
(Reservados los derechos para la presente edición)

Edita: Ediciones Obelisco, S.L.
Collita, 23-25. Pol. Ind. Molí de la Bastida
08191 Rubí - Barcelona - España
Tel. 93 309 85 25
E-mail: info@edicionesobelisco.com

ISBN: 978-84-1172-120-2
DL B 4629-2024

Impreso en los talleres gráficos de Romanyà/Valls S.A.
Verdaguer, 1 - 08786 Capellades - Barcelona

Printed in Spain

Para ti, que eres una maravilla porque procedes de la magia,
y magia siempre serás.

PRÓLOGO

Creo que a lo largo de nuestra vida muchos hemos tenido experiencias que parecían mágicas. ¿Alguna vez te has imaginado una plaza de aparcamiento libre y, por arte de magia, ha aparecido justo donde la habías visualizado? O tal vez hayas pensado en un amigo con el que no habías hablado desde hacía meses o incluso años y, por arte de magia, de forma repentina, te ha llamado. Es posible que, mientras conducías, hayas tenido el presentimiento de que debías reducir la velocidad y, al hacerlo, otro coche se ha saltado un semáforo en rojo ante ti. Por arte de magia, te has salvado de una colisión.

Esta clase de acontecimientos ocurre a todas horas, en cualquier lugar del mundo y a todo tipo de personas. Muchos los menospreciamos al creer que son una coincidencia o un golpe de buena suerte. Luego, están aquellos, quizás tú incluido, que sienten que ha ocurrido algo más grande, como si una fuerza o energía hubiera influido en la escena. Es este momento «mágico» el que prende la mecha de la curiosidad por descubrir qué ha sucedido. Si ésa es la razón por la que estás leyendo este libro, ¡estás en el lugar correcto, amigo mío!

Merlín moderno presenta los fenómenos que te guiarán para cocrear el mundo en el que quieres vivir, además de enseñarte habilidades y costumbres para toda la vida a través de las prácticas herramientas que proporciona. Pronto podrás aprovechar el poder del universo y disfrutar de una vida feliz, con un propósito y significado.

He trabajado de forma personal con cientos de miles de individuos gracias a mi compañía en línea Mind Movies y he hecho miles de entrevistas a líderes transformadores, gurús, escritores e incluso personas corrientes que han tenido experiencias extraordinarias que les han cambiado la vida. Tras todo esto, me he percatado de que hay algunos temas recurrentes, imposibles de pasar por alto.

En primer lugar, en un gran número de entrevistas, estas personas me han contado que, durante su infancia, tenían habilidades o dones. Algunas veían energías, otras hablaban con ángeles o espíritus y las últimas sabían o predecían cosas a su antojo. El punto en común de estas historias era que todas reprimían su talento porque quienes las rodeaban no entendían lo que estaba sucediendo, como le ocurrió a nuestra autora, Lon (cuya historia personal puedes leer en la introducción). Luego, en la edad adulta, se vieron envueltas en un acontecimiento «mágico», como lo he descrito antes, y sus dones volvieron a despertar. Igual que Lon, ya no pudieron seguir ignorándolos.

En segundo lugar, me he percatado de que un número cada vez mayor de personas entre los veinte y los ochenta años busca un propósito en la vida. Desean tener una finalidad, ya que saben que están destinados a algo más, por lo que se deleitan buscando qué es.

Por último, tenemos la prueba innegable de la «manifestación». Mientras enseñaba a otros a entender con claridad lo que querían, a articularlo en un *Mind Movie* («vídeo mental»), a visualizarlo y actuar conforme a ello, he descubierto que miles de personas consiguen todo tipo de resultados, como vehículos, hogares, relaciones, una salud perfecta, negocios e incluso amor, entre otros.

Lon te guía en un viaje emocionante hacia la magia y la manifestación a medida que descubres las creencias fundamentales que modelan tu mundo. Utiliza el lenguaje cotidiano para revelar cómo funcionan los distintos aspectos de un paradigma en el que tú eres primordial en el desarrollo de tu vida.

Por citar a Cifra, de la película *Matrix*: «[...] abróchate el cinturón, Dorothy, porque vamos hacia el mundo de Oz». Disfruta del camino.

NATALIE LEDWELL,
autora de *Never in Your Wildest Dreams*
y cofundadora de Mind Movies

MAGIA PARA UNA NUEVA ERA

¿Lo notas? El mundo está cambiando. ¡A toda prisa! ¿Puedes mantener el ritmo? ¿Entiendes lo que está ocurriendo? ¿Comprendes cómo estos cambios impactan en tu vida? Y, lo más importante, ¿tienes idea de cómo sobrevivir a ellos y hacer que tu vida funcione?

He escrito este libro para apoyar un nuevo y emergente paradigma y sistema de creencias, para activar el cambio de consciencia necesario para sobrevivir en esta nueva era. Cuando digo «nueva era», me refiero a que hemos llegado a un momento de la evolución en el que nada parece funcionar como antes. Casi todo con lo que contábamos para disfrutar de una sensación de estabilidad y seguridad ya no nos la proporciona. Si observamos el sistema educativo, la atención sanitaria, el escenario político, los sistemas financieros y bancarios, e incluso las instituciones espirituales…, ninguno puede adoptar el papel de pilar fundamental en el que nuestra sociedad se apoye durante mucho tiempo. Incluso la ciencia ha evolucionado hasta el punto de introducir un paradigma ampliado sobre cómo está constituida nuestra realidad. Como colectivo, se invita a la humanidad a expandir sus horizontes más allá de lo que conoce y a atreverse a ir a lugares en los que nunca ha estado.

Es hora de volver a evaluar lo que creemos que representa los fundamentos de nuestra realidad y la armonía de nuestras vidas.

Esta nueva era requiere una nueva manera de
pensar, un nuevo modo de hacer las cosas
y una nueva forma de ser.

Juntos, tú y yo vamos a explorar viejos conceptos y redefinirlos, abrirnos a otros nuevos y aceptarlos con valentía, y ver cómo todos se acoplan. Vamos a estudiar no sólo lo que creemos sobre nosotros mismos y el mundo, sino también cómo funciona todo en conjunto, de manera que nos permita crear vidas que nos emocionen.

¿Qué hay más allá de la realidad 3D del día a día?

Esta nueva era está haciendo que nos demos cuenta de nuestra relación con la energía. Todo es energía y todas las energías están conectadas con un campo amplio e infinito de potencial ilimitado del que somos parte y con el que cocreamos. Quizás éste sea el primer concepto fundamental y el más importante que debemos aceptar. Nos estamos abriendo a la conciencia de que cualquier cosa es posible porque nuestra consciencia opera en múltiples dimensiones, lo que significa que nos podemos centrar en varias «capas» de realidad.

Hasta este momento, en general, sólo nos hemos fijado en la capa tridimensional, donde los aspectos físicos de la realidad, como nuestros cuerpos, los objetos que nos rodean, la naturaleza y nuestras posesiones, entre otras cosas, tienen un lugar principal. Al centrarnos en la realidad 3D, dependemos en gran medida del pensamiento lineal y lógico: nos comprendemos a nosotros mismos y al mundo, incluidas nuestras relaciones con los demás, usando una forma de razón que funciona con los sentidos físicos. Cuando pensamos en 3D, analizamos, interpretamos, juzgamos y organizamos la información. Además, tenemos acceso a nuestras vidas interiores en un modo 3D y, cuando nos centramos en nuestras emociones, intuiciones, percepciones, pensamientos y recuerdos en ese modo, también organizamos esa información de manera lineal. Tendemos a juzgar nuestros pensamientos y emociones (y a nosotros mismos). Nos hemos sentido a gusto con esta dimensión física o material, la emocional y la cognitiva de la consciencia porque eso es lo que nos ha traído hasta aquí. Aun así, esos modos 3D de consciencia son tan limitados para entendernos y comprender el mundo que muchos hemos sentido la revolucionaria posibilidad de acceder a otros niveles de consciencia.

Estamos aprendiendo a entrar en sintonía con capas multidimensionales que son de una naturaleza más sutil, como lo que percibimos a través de la intuición, los sueños, las emociones y las visiones. Cuando entramos en sintonía con la multidimensionalidad, percibimos redes de asociaciones y permitimos que emerjan patrones de significado. Observamos estos últimos mientras surgen, en lugar de interpretarlos o juzgarlos.

Nuestra relación con la energía influye en más aspectos que en nuestra experiencia y conciencia física, emocional y cognitiva (lo que nos ayuda a entender el mundo tridimensional de la forma, la materia y el tiempo). Nos permite reconocer e influir en la realidad multidimensional en la que vivimos, seamos conscientes o no de dicha capacidad.

Navegar entre todos estos niveles de conciencia es vivir, en la multidimensionalidad. Con la práctica, podemos volvernos conscientes y hábiles a la hora de trabajar con las energías de la multidimensionalidad, igual que cuando trabajamos con la realidad 3D. Para permanecer en un equilibrio armonioso con nuestro planeta, es cada vez más importante que muchos desarrollemos la intuición, la percepción y las habilidades que antes sólo poseían visionarios, intuitivos, artistas y chamanes.

La magia es la nueva realidad

Nuestra conciencia creciente sobre la energía recarga nuestra capacidad de ir más allá del plano 3D y acceder a nuestra intuición para participar en la creación continua de nuestra experiencia. Descubriremos que incluso participamos en la creación del propio universo. La imaginación y la percepción nos permiten movernos entre las capas tridimensionales y las multidimensionales de realidad porque nuestra consciencia está en sintonía innata con esta energía, dado que emerge de la fuente que genera toda la energía.

Esta nueva relación con la energía se prolonga incluso hasta nuestra comprensión espiritual. Puede ampliar nuestra experiencia de la relación con lo divino y revelar nuestra propia santidad y creatividad fundamental (es decir, nuestra capacidad para crear).

Acceder a nuestra habilidad de percibir estas capas sutiles despierta el potencial para trabajar lo que nuestros ancestros llamaban magia y nos proporciona recursos para producir milagros. Ya no estamos atados sólo a las leyes que gobiernan el mundo tridimensional de la Tierra desde el principio de los tiempos. Estamos en la víspera de nuestro próximo salto evolutivo (o revolucionario), dado que estamos poniéndonos en contacto con la nueva realidad de un mundo multidimensional que refleja nuestros pensamientos, intenciones, sueños y visiones.

¿Sabías que las palabras que usamos sí que importan? Es decir, se pueden convertir en materia, en forma, en realidad. Dado que las palabras expresan nuestras creencias, intenciones, sentimientos y la percepción de nosotros mismos y nuestra realidad, su significado va más allá de aquel que aparece en el diccionario. Contienen energía. Estamos descubriendo que nuestra propia contribución al desarrollo de nuestras vidas quizás sea mucho mayor que el que nos han hecho creer y nos han enseñado hasta ahora. Todo lo que pensamos, hacemos y decimos importa. Todo se puede volver una realidad. Lo que se manifiesta en nuestras vidas está íntimamente ligado a nuestra forma de ser y actuar. La manera en la que expresamos nuestros pensamientos, sentimientos e ideas refleja cómo hemos elegido, de modo consciente o inconsciente, usar nuestro poder para crear.

¿No sería maravilloso que actuáramos conforme a esta idea de que nuestras decisiones moldean nuestras vidas? Al elegir ser conscientes, reflexivos, creativos y compasivos, podemos generar experiencias para nosotros mismos y para otros individuos que tengan estas cualidades y que inviten a otros a volverse también creativos y compasivos. Todo esto se refleja en los acontecimientos y personas que aparecen en nuestras vidas. ¿No tendrías una vida increíble si ésta fuera tu nueva realidad?

«Manifestación» es la nueva palabra
para «magia».

La manifestación es la capacidad de causar y crear con intención y convicción, impulsada por la visión y la pasión sin los límites de la lógica y la razón. La imaginación es el puente entre el ámbito sutil de la multidimensionalidad y el mundo 3D en el que nuestras visiones y sueños se vuelven tangibles. Todos somos grandes magos con el potencial para utilizar una magia potente que se adapte a la perfección a nuestras ideas imaginativas más inverosímiles. Somos Merlines modernos.

Mi historia

Crecí en los Países Bajos, es decir, en Holanda, un pequeño país, desarrollado y amigable, rico culturalmente, aunque en cierto sentido abrumado por el peso de la historia. Para muchos, incluidos mis padres, la guerra, la ocupación, las evacuaciones y la muerte fueron parte de sus vidas. Su sufrimiento se reflejaba en las historias que contaban y en el silencio de sus traumas sin resolver.

Como era una niña intuitiva, sentía su dolor, sufrimiento y soledad. Era joven y no comprendía por qué se sentían mal o qué había causado ese malestar, pero lloraba por ellos. Convertí su depresión e infelicidad en las mías propias. Según su paradigma, era una niña sensible, quizás demasiado. En realidad, era intuitiva, empática, capaz de entrar en sintonía con las capas sutiles que están más allá del alcance de otros para recibir información. Ya estaba en conexión con la realidad (multidimensional) que está emergiendo ahora, una realidad llena de mensajes ocultos en los espacios entre palabras, los sentimientos sutiles que surgen en nuestro interior y los susurros que van más allá de la profundidad del silencio.

Por supuesto, quería que la situación mejorara para mis padres. Lo intenté todo con mi poder (infantil). Los quise todo lo que pude, pero nunca fue suficiente para que la sensación perturbadora de su sufrimiento desapareciera. Siempre sentía que había algo más que hacer, pero no tenía modo de expresar mi percepción ni herramientas para actuar conforme a lo que percibía. No contaba con los conceptos para describir o explicar mi experiencia, ningún camino ni hoja de ruta, ningún puente.

Me dolía y me sentía impotente, insuficiente y pequeña. La realidad, como la experimentaba, estaba llena de pistas e indicios que procedían de mi interior. Podía mirar a alguien y, de forma intuitiva, saber qué le dolía. A veces lo sentía en el cuerpo físico, y siempre en el emocional. Notaba el desequilibrio cuando aparecía. En las personas, advertía una especie de inestabilidad o desajuste que, en el plano emocional, se reflejaba como tristeza, enfado, inseguridad, falta de honestidad, confusión o celos. Fuera cual fuese la disonancia, sabía que existía en cuanto me encontraba con ella. También identificaba la disonancia en lugares: combinaciones de muebles que no funcionaban juntos, estructuras que no fluían, luces inapropiadas o energías que parecían fuera de lugar.

Nadie me explicaba nada de aquello. No contaba con las palabras para preguntar si alguien tenía esa clase de percepción o conciencia. No sabía que era intuitiva, empática o vidente. No creo que mis padres estuvieran familiarizados con la experiencia, e incluso con los conceptos. Por eso, me sentía muy sola en un mundo de mensajes que procedían de algún lugar de mi interior. Cuando trataba de explicarlos, la respuesta que recibía siempre era que me los estaba imaginando y que desaparecerían si tenía paciencia. No fue así. Por eso dejé de compartirlos con los demás. Los mantuve en mi interior mientras vivía la mayoría del tiempo en una realidad muy diferente (yo sola) de aquella que compartía con mi familia y amigos.

Mi mundo interior consistía en lugares que podía crear con la imaginación. Así creaba universos enteros. Me refugié en mi cama, igual que en la serie *Doctor Who*, en la que el doctor viaja en el tiempo en una antigua cabina de policía británica, azul y brillante, que es más grande en el interior, convirtiéndose en un lugar de viajes y descubrimientos. Bajo las sábanas, donde me sentía a salvo, poderosa e ilimitada, vivía en dimensiones más amplias de posibilidad, creación y magia. Lo interesante es que mi universo interior siempre utilizaba el inglés, el idioma que ahora utilizo para trabajar.

En mi mundo la magia era normal. La única limitación para lo que creaba eran las barreras establecidas por mi propia imaginación. Y era mi intuición la que expandía dichas barreras, la que me aportó la conciencia sobre la realidad multidimensional antes de que tuviera las palabras para nombrar lo que sentía.

Los únicos límites de nuestras creaciones son las barreras establecidas por nuestra propia imaginación.

En el mundo exterior no dejaba de enfermar. Eran afecciones misteriosas e indefinidas que no lograban diagnosticarme. Muchas me las provocaba yo misma, y eso me permitía alejarme del mundo y permanecer en mi propio espacio sagrado bajo las sábanas. Cada vez que salía fuera, sentía un miedo constante, rodeada de susurros misteriosos que procedían de algo desconocido que nadie parecía percibir excepto yo. Me sentía fuera de lugar, incómoda, sola, un fracaso.

Mi etapa adolescente fue difícil mientras trataba de entender quién era y quién quería ser en mi vida. La experiencia ya me había enseñado que las opciones ofertadas para la edad adulta eran tan limitadas que excluían la clase de comprensión que mayor significado tenía para mí.

Bendecida con belleza y talento en muchos sentidos, era una persona creativa, expresiva y artística. Eso, combinado con mi naturaleza armoniosa, me llevó al diseño gráfico. Me convertí en diseñadora autónoma y me enamoré de mi trabajo. Traducir visiones, proyectos, ideas y sueños a dibujos e imágenes se volvió algo natural para mí. Después de todo, así es como siempre se había comunicado conmigo mi guía interior: soy una intuitiva visual.

Sólo cuando llegué a la treintena y empecé a viajar fuera de Europa, mi mundo se abrió de repente. En Tailandia, conocí a personas que hablaban de maneras de percibir la energía y la imaginación que yo había escondido en mi interior hacía mucho tiempo, y de cómo trabajar con ellas. Hablaban en inglés y, aunque aún no dominaba el idioma hasta el punto de poder expresar los matices de mi experiencia y percepción, nunca me había sentido tan escuchada, vista y comprendida. Usaban palabras como «energía», «aura» y «alma», y me mostraron la idea de que yo era lo que ellos llamaban «vidente». De repente, encontré sentido, ya no era rara ni me sentía fuera de lugar. Era un alma antigua y estaba aquí, en la Tierra, en este momento, para apoyar al gran cambio que se estaba produciendo. Los susurros estaban a punto de volverse más fuertes y estaba aquí para respaldar los nuevos paradigmas a medida que emergían y ayudar a construir puentes entre los ámbitos del espíritu, el universo multidimensional y el campo de la experiencia mundana, el mundo 3D.

Me trasladé a Estados Unidos, empecé una nueva vida en inglés y, con lentitud, integré mi mundo interior en el exterior.

Desde entonces, mi diseño gráfico ha evolucionado hasta convertirse en un conjunto de obras basadas en la geometría sagrada: mandalas modernos que nos llevan más allá de nuestras mentes lineales para que podamos abrirnos al idioma multidimensional del universo. Llamo a estas imágenes «activaciones», porque activan nuestra conexión innata con todo, es decir, con la energía que es consciencia y con nuestras almas. Todas las piezas hacen referencia a conceptos más amplios que son el núcleo de la experiencia humana, como la magia, el amor, la sanación, la abundancia, la conexión, la intimidad y la multidimensionalidad. Estos conceptos son fundamentales para crear nuestro mundo, vida y relaciones.

Al profundizar en su esencia, podemos explorar nuestro vínculo con las cualidades que representan y con la forma en la que aparecen en nuestra vida.

Los susurros están aquí para que cualquiera los capte. Lo único que debemos hacer es aprender a escuchar. El universo es un lugar cocreativo que opera a través de la energía (o magia) para expresar su potencial infinito. Somos parte de él igual que él es parte de nosotros. Estamos conectados infinitas veces en un baile eterno. Aprender a moverse con el universo en la pista de baile de las capas y dimensiones energéticas nos convierte en los magos de nuestra era.

Cómo sacarle el máximo partido a este libro

Este libro está dividido en tres partes, con un total de doce capítulos.

En la primera parte, se habla de los fundamentos. Los fundamentos son importantes porque forman la base sobre la que se construyen las cosas. Vamos a crear una base para la realidad al ensamblar los elementos de un nuevo sistema de creencias. Vamos a perseguir nuevas ideas y pensamientos que deriven de los planos físico, espiritual, mental y emocional. Vamos a desarrollar una nueva forma de mirar. Vamos a cambiar y expandir nuestra perspectiva sobre cómo funciona la vida, dado que a menudo no son nuestras circunstancias las que deciden, en última instancia, cómo nos sentimos, sino nuestro estado mental o punto de vista. Al desarrollar nuevas maneras de mirar, al cambiar nuestra perspectiva, podemos modificar nuestra forma de actuar y sentir.

◆ Capítulo 1: Caminos
Para llegar a cualquier lugar, necesitamos un camino. ¿Cómo encontraremos la manera de abrirnos paso por esta nueva realidad que está emergiendo y cómo accederemos al mundo de la multidimensionalidad?

◆ Capítulo 2: Magia
Nos sumergiremos en el mundo de la magia y la manifestación, y descubriremos que «la magia es la nueva realidad» y requiere creencias para manifestarse.

◆ Capítulo 3: Realidad
¿Qué es la realidad? ¿Cómo sabemos que algo es o no real? Exploraremos la diferencia entre las tres dimensiones y la multidimensionalidad y cómo ésta está cambiando el mundo tal y como lo conocemos.

◆ Capítulo 4: Tiempo
El tiempo en sí mismo es parte del mundo 3D. Ahora que nos adentraremos en la multidimensionalidad, nuestra relación con el tiempo cambiará.

◆ Capítulo 5: Energía
Todo es energía. Tú, tus pensamientos, tus palabras e intenciones. ¿Cómo se «materializa» esto en las personas o acontecimientos que aparecen en tu vida?

La segunda parte trata sobre ti. Tú generas la experiencia de tu realidad y, por lo tanto, tu vida. Exploraremos cómo lo que piensas, sientes y dices se materializa (se vuelve materia). Analizaremos quién eres más allá de tu cuerpo físico y cómo lo que piensas de ti, de los demás y del mundo se refleja en la manera en la que tu vida se desarrolla a tu alrededor. Estudiaremos tu visión y los sueños que tienes, e investigaremos qué te obstaculiza para no conseguirlo todo. Aprenderemos a ir más allá de los impedimentos percibidos y a transformar los retos en emocionantes oportunidades de crecimiento y cambio.

- ◆ Capítulo 6: Alma
  ¿Qué es el alma? ¿Cómo te puedes poner en contacto con ella? Descubriremos cómo conectar con tu yo interior más profundo, con la parte de tu ser que es infinita y eterna.

- ◆ Capítulo 7: Propósito
  ¿Qué visión tienes para tu vida? ¿Cuál es el «propósito de tu alma», tu superpoder? ¿Por qué estás aquí? Descubriremos cómo tu visión puede encender la chispa de tu magia.

- ◆ Capítulo 8: Laguna
  ¿Vives tu visión, una vida que te emociona de verdad? De lo contrario, ¿qué crea esa laguna y cómo puedes llenarla?

- ◆ Capítulo 9: Historias
  Averiguaremos cómo las historias que cuentas sobre ti atraen a personas y circunstancias que aparecen en tu vida conforme a esas historias. ¡Escribe una historia que te encante!

La tercera parte trata sobre tu vida. Aquí vamos a juntarlo todo e integrar los nuevos paradigmas en un modelo maleable. Vamos a volvernos prácticos para que obtengas las herramientas que puedes usar en tu día a día para navegar por la corriente y el flujo de tu vida. Exploraremos la geometría sagrada como un potente recurso que te ayudará a reconocer los patrones, repeticiones y ciclos.

- ◆ Capítulo 10: Geometría sagrada
  «La geometría conducirá al alma hacia la verdad», dijo Platón hace más de 2 400 años. ¿Qué significa eso? ¿Qué es la geometría sagrada? ¿Qué tiene que ver la geometría sagrada contigo?

- ◆ Capítulo 11: Gestión de la energía
  ¿Cómo gestionas tu energía? ¿Cómo y dónde la depositas? ¿Cómo te recargas? Aprenderemos a gestionar la energía

- ◆ Capítulo 12: Herramientas
  Analizaremos las distintas herramientas de apoyo que puedes usar en tu día a día. ¿Cómo lo fusionas todo en tu vida? ¿Cómo satisfaces la unión de todas las necesidades físicas, espirituales, mentales y emocionales de tu día a día? Puedes descargarte una serie de plantillas gratuitas y poderosas con las que trabajar en https://lon-art.com/modern-merlin-templates

Cada capítulo trata un tema específico. Dichos temas son los bloques que construyen un nuevo sistema de creencias que tú y yo vamos a crear juntos. Cada tema es, en realidad, una constelación de conceptos, conceptos dentro de conceptos, todos ellos enfocados hacia el cambio fundamental en la consciencia que se necesita para que emerja un nuevo paradigma, como nuestra comprensión de la «energía» y el «tiempo». Hay pequeñas explicaciones fáciles de leer sobre los conceptos interrelacionados en cada capítulo. Al final de cada uno, ofrezco una breve práctica llamada «Modo perceptivo», que invita a desviar tu consciencia a tu interior para que puedas asimilar los conceptos del capítulo que acabas de leer. Quizás prefieras mantener cerca un diario para poder escribir un poco después de cada capítulo y procesar las percepciones que surjan gracias a estas prácticas.

Parte 1
FUNDAMENTOS

CAMINOS:
EL PODER DE LA DIRECCIÓN

«Tienes un cerebro en la cabeza. Tienes pies en los zapatos. Puedes conducirte en cualquier dirección que elijas».

Dr. SEUSS, *escritor*

Ya hay magia en tu interior

He escrito este libro para ayudarte a adoptar una nueva visión del mundo, para crear un nuevo paradigma que dé sentido a la forma y a la razón por la que las cosas son como son, y para que percibas cómo está todo interconectado. Te mostraré cómo los distintos ámbitos de tu vida (relaciones, creatividad, riquezas y dinero, carrera profesional, emociones y energía, entre otros) se conectan y condicionan entre sí. También te enseñaré que tienes un papel central a la hora de generar tu experiencia de una realidad en particular, lo que te guía hacia las personas y acontecimientos que aparecen en tu vida. Dado que todo está conectado, un cambio en un ámbito se convierte en catalizador del cambio en otros. De igual modo, un cambio en cualquier ámbito se refleja en tu desarrollo de la conciencia y las habilidades. Por eso, aunque quizás no entiendas

31

enseguida todo lo que estás leyendo o no veas la relación que tiene contigo o con tu vida, confía en que todo lo que presento ante ti acabará llevándote a un nuevo sistema de creencias integral que reafirmará tu propia magia, es decir, tu capacidad para crear las experiencias que deseas.

Tu vida es parte de una realidad que se extiende mucho más allá de los aspectos físicos y obvios, y puedes entenderla a través de los modos de consciencia que ya posees. Puesto que confiamos tanto en los modos 3D de consciencia que usamos con tanta eficacia, no reconocemos otros modos que también son parte de la naturaleza humana. El éxito en el 3D vuelve invisible la multidimensionalidad para nuestros ojos, como si estuviera detrás de un velo. Dado que el presunto «velo» entre el mundo mundano y el espiritual se está disolviendo, comenzamos a darnos cuenta de que nunca estuvo allí, al menos físicamente; sólo era una ilusión procedente de nuestro estado de (in)consciencia.

Todos tenemos acceso a la intuición, las percepciones y la conciencia que nos permiten entender y dar forma a la energía. Eres más que tu cuerpo físico. Y esas partes que escapan del ámbito físico tienen un papel mucho más importante de lo que crees en la manera en la que se desarrolla tu vida. Al compararlo, el mundo físico no es más que una parte diminuta de un ámbito extenso e ilimitado del mundo sutil y multidimensional y ahora comenzamos a entenderlo. También empezamos a comprender que nuestra consciencia es la clave para acceder a este territorio desconocido y que, dentro de este ámbito multidimensional, se encuentra el poder de nuestra magia. Cuando nos experimentamos como seres multidimensionales capaces de trabajar más allá de las tres dimensiones con las posibilidades multidimensionales del campo, podemos cocrear nuestra realidad. En eso consiste ser un Merlín moderno.

El poder del presente

Para acceder y participar en esos espacios y lugares que se encuentran más allá de la realidad física, para sacar provecho a esa realidad multidimensional, debemos usar nuestra conciencia (o consciencia) de manera distinta a la que solemos hacerlo. En lugar de centrarnos en el mundo físico, en cosas materiales, con forma, como nuestros cuerpos, casas, vehículos, trabajo, otras personas o ropa, debemos aprender a fijarnos en lo que se encuentra en las capas sutiles de la realidad más extensa que abarca y supera la realidad física. El camino hacia este ámbito de la multidimensionalidad es la intuición. Ésta se puede describir como una inteligencia que reconoce los patrones, percibe las energías que se sienten antes de que se verbalicen y nos ofrece una comprensión holística y completa de nuestra experiencia. Difiere de los procesos cognitivos lineales y lógicos que usamos para navegar por el mundo 3D. Para entrar en sintonía con la intuición, debemos aprender a mirar en nuestro interior y percibir que la información nos llega en forma de pensamientos, sentimientos e imágenes. Además, debemos estar totalmente presentes en el aquí y el ahora para poder recibir los mensajes y percepciones que nos llegan.

De este modo, antes de profundizar en este mundo de magia y manifestación, dediquemos un momento a alcanzar el aquí y el ahora con la conciencia. Algo te ha traído hasta este libro. Tal vez lo hayas encontrado en una librería, te hayas topado con él en redes sociales o alguien te lo haya regalado. Sea lo que sea, aquí estás, en algún lugar cómodo, con este libro abierto. Te encuentras en esta página, leyendo esta frase.

Como descubrirás, estar presente en el ahora quizás sea el concepto transformador más profundo que te preparará para participar en el nuevo mundo multidimensional que está emergiendo. Estás presente allí donde centras tu atención. Y donde centras tu atención diriges tu energía. Tiendes a crear más de aquello a lo que diriges tu energía. En resumen, los iguales se atraen.

Quizás te hayas percatado de que en algún momento el universo ha respondido a algo que has dicho. ¿Lo consideraste una especie de magia? Por ejemplo, es posible le hayas dicho a alguien: «Es raro que ya no vea ningún golden retriever por la calle. Es una pena porque es una raza muy agradable y cariñosa». De repente, mires donde mires, ahí están: en las redes sociales, en tu paseo matutino, en revistas, en un cartel de un perro perdido pegado a un poste telefónico y en los anuncios durante tu serie favorita. Parece que el universo ha oído tus palabras y te ha respondido convirtiendo en realidad a los golden retriever, una realidad que se ha formado con aquello de lo que eres consciente. Es evidente que ahora eres consciente de esta raza. Y quizás lo que de verdad deseabas eran las cualidades que veías en ellos: cariño, amabilidad, lealtad y felicidad.

Estar presente en el ahora te permite ser más consciente de dónde centras tu atención e intención. Ésa es la conciencia que vuelve posible la magia. Tu magia, tu capacidad para crear, funciona a mayor profundidad cuando de forma deliberada y total estás pendiente de aquello que pretendes crear. En pocas palabras, de eso trata este libro: los iguales se atraen. No te preocupes si no lo entiendes del todo ahora mismo. Confía en que el itinerario que vamos a recorrer te lo revelará.

Éste es nuestro punto de partida. Vamos a asegurarnos de estar totalmente presentes y de que nuestra atención se centre por completo en el ahora.

Entrar en tu interior

La meditación es una manera fantástica de atraer nuestra atención hacia el presente. El propósito de la meditación es ir más allá de la mente consciente o pensante y permitir que tu cerebro se ralentice. La mente se puede describir como el cerebro en acción, y esta actividad (en forma de ondas cerebrales) se puede medir. Cuando estás activo, trabajando, haciendo cosas que atraen tu atención hacia el mundo exterior, tus ondas cerebrales se mueven más rápido que cuando estás descansando, durmiendo o meditando. Cuando tus ondas cerebrales se ralentizan, el resto del cuerpo tiene la oportunidad de relajarse, descansar, sanar y rejuvenecerse. También es así como puedes entrar en consonancia con las capas sutiles de realidad. Al ralentizar tu mente pensante e ir más allá de los pensamientos, las acciones correctas e incorrectas, los debería y no debería y el ruido de tu mente, puedes escuchar lo que se «esconde» en el silencio y el mundo de las sutilezas.

A diferencia de lo que piensan muchas personas, no necesitas ir al bosque o sentarte en la cima de una montaña para entrar en tu interior: puedes meditar donde desees. Lo único que necesitas es tener intención y encontrar un pequeño espacio y tiempo en los que estar contigo mismo.

Centrarte en la respiración te lleva al interior
de tu cuerpo y al presente.

Como vimos, para acceder a nuestra magia y crear de forma deliberada, debemos centrarnos en el ahora y volvernos conscientes de las capas sutiles y multidimensionales de nuestra realidad. De este modo, atraeremos nuestra atención al presente al aventurarnos hacia nuestro interior.

¿Te has dado cuenta de que casi todas las meditaciones empiezan con la invitación a respirar profundamente? ¿Alguna vez te has preguntado por qué? Deja un momento el libro a un lado, ahora mismo, y pruébalo. Cierra los ojos, respira hondo varias veces y céntrate de manera intencionada en la experiencia de respirar.

¿Qué tal? ¿Has pensado en algo que no fuera tu respiración? Incluso si lo has hecho, lo más probable es que haya quedado relegado a un segundo plano mientras la conciencia de tu respiración permanecía justo ahí. ¿Qué has percibido sobre tu entorno, al mismo tiempo que te centrabas en la experiencia de respirar? ¿Adónde has «ido»?

¿Alguna vez has pensado en lo que ocurre cuando cierras los ojos? La respuesta más obvia es que te envuelve la oscuridad, ¿no? Es cierto, aunque también es verdad que, al cerrar los ojos, te alejas del mundo exterior, evitas que vean lo que hay fuera. Así, los invitas a mirar en tu interior. Diriges tu atención al mundo dentro de ti, atrayendo toda tu conciencia y energía hacia el interior y el presente. Centrarte en el movimiento de la respiración también te ayuda a dirigir tu atención hacia dentro. Tu propia respiración se convierte en el punto principal de tu atención.

Modo perceptivo

Cuando haces algo, como trabajar en un proyecto, entrenar, cocinar para tu familia, comprar comida o conducir un vehículo, centras tu atención en lo que estás haciendo, y a menudo en lo que has hecho, podrías haber hecho o vas a hacer. Parte de tu atención se dirige a la tarea de la que te ocupas, y otra parte en lo que quizás te ha frustrado o gustado a lo largo del día, o en el plan que tienes para el resto de la tarde. Por lo general, no prestas total atención a tu respiración o a tu cuerpo, no te centras en el ahora que estás experimentando. En su lugar, estás centrado en lo que estás haciendo y en la narrativa que acompaña lo que ha ocurrido en cualquier otro momento que no es el presente. A eso lo llamamos «desconcentrarse», es decir, tu atención se desvía en lugar de centrarse.

Cuando sí estás centrado, tus pensamientos no divagan, no se dirigen ni al pasado ni al futuro a menos que pretendas explorar esa experiencia de manera intencionada. Estar presente en el ahora no significa que no puedas hacer nada aparte de sentarte y meditar. Puedes concentrarte por completo en el ahora mientras lavas los platos, es decir, en el agua cálida, la sensación de la esponja en tus manos y el olor del lavavajillas. Todo podría mantener tu concentración en ese momento y, en dicho instante de presencialidad, podría surgir una percepción genuina entre las pompas. La cuestión es que tu conciencia está centrada, presente e interior, la estás dirigiendo hacia dentro. Eso significa que atraes tu conciencia hacia el presente. En este libro, voy a llamar a ese proceso «modo perceptivo».

Modo perceptivo: capacidad de entrar en tu interior y acceder a tu intuición para procesar la información que procede del mundo multidimensional.

Para asimilar por completo la información que voy a compartir contigo en este libro y aprender a convertirte en un Merlín moderno que utiliza la magia de manera intencionada, debes aprender a estar totalmente presente en el ahora, deshacerte de las distracciones del mundo exterior y volver a centrarte cuando tu atención divague. Activar el modo perceptivo y concentrarte de forma deliberada es la manera de estar por completo presentes.

Para aprender a pasar al modo perceptivo, te invito a que me acompañes a estar del todo presente en el aquí y el ahora, en esta página y en este momento.

Entrar en sintonía

Comencemos respirando hondo. Quizás deberías dejar de leer ahora mismo, cerrar los ojos un momento e inspirar profundamente mientras desvías tu atención del mundo exterior al interior. Esto te ayudará a alejarte de la acción para pasar al ser. Hazlo ahora mismo…

Ahora que has cerrado los ojos un instante, tal vez te sientas un poco más presente en el aquí, conmigo, en esta página. Respira hondo de nuevo mientras sigues leyendo. Libera ese aliento por la boca en forma de un profundo suspiro. Siéntete libre de detener la lectura en cualquier momento para centrarte por completo en la respiración durante unos instantes. Recuerda que estás haciendo todo esto para estar totalmente presente en el ahora.

Percibe cómo tu cuerpo se mueve al ritmo de la respiración. Tal vez tu pecho se eleve y caiga un poco o tu vientre se expanda y contraiga con cada aliento. Relaja el cuerpo en la silla, sumérgete aún más en el proceso y deja que la sensación de tu respiración y de tu cuerpo se fusionen. Permite que tu núcleo, donde se encuentra el corazón, se serene.

Respira hondo de nuevo, relájate y advierte cómo esa serenidad se expande. Puedes colocarte una o las dos manos en el pecho durante un momento para atraer tu atención hacia el corazón. ¿Qué sientes? ¿Notas su latido?

Con cada respiración, húndete a mayor profundidad en esa serenidad que irradia tu corazón. Deja que la sensación se expanda a través de todo tu ser, ábrete y permítete estar totalmente presente en el aquí y el ahora.

Respira hondo de nuevo y suelta el aliento con un suspiro. Te doy la bienvenida a este momento.

2

MAGIA:
EL PODER DE LAS CREENCIAS

«¿Te apetece un poco de magia?».

MICKEY MOUSE en el videojuego
Fantasia: Mickey Mouse Magic, 1991

¿Os acordáis de Mickey Mouse como aprendiz de mago en *Fantasía*, la película de Walt Disney? En esta historia, Mickey es el aprendiz de un poderoso mago. Mientras su maestro duerme, Mickey se prueba el gorro mágico del hechicero y lanza un hechizo contra el palo de una escoba para que le ayude a recoger el agua. Por desgracia, como aprendiz, Mickey sabe la magia suficiente para que ocurra algo, pero no bastante para conseguir el resultado que busca. Enseguida, las escobas, desenfrenadas, toman el control y todo se llena de agua, por lo que Mickey entra en pánico mientras trata de contener el caos. La situación vuelve a la normalidad cuando el hechicero aparece y utiliza su habilidosa magia para restablecer la paz y la armonía.

La magia de la magia

A lo largo de la historia, los humanos han sentido una profunda fascinación por la magia, aunque también un gran miedo. La magia parece albergar posibilidades desconocidas y nunca vistas que pueden aportar un inmenso valor. Sin embargo, nuestra falta de comprensión y control nos vuelve temerosos. Le asignamos un gran poder, como se describe en muchos cuentos, mitos y leyendas en los que los magos, hechiceros y brujos tienen un papel relevante. Merlín, Gandalf, el Gris, Glinda, la Bruja Buena, Luke Skywalker, Yoda, Darth Vader, Albus Dumbledore, Lord Voldemort y Morgana son ejemplos de grandes magos, brujos y hechiceros que han cautivado nuestra imaginación con visiones de lo que es posible cuando sabemos cómo trabajar con esa energía de consciencia invisible pero omnipresente.

Tal vez nuestra profunda fascinación por la magia se deba a nuestro deseo (a menudo inconsciente) de cambiar la realidad existente, expandirnos más allá de nuestro estado actual o volvernos una expresión mayor de quiénes somos en realidad. Sin creer en la posibilidad de que las cosas podrían ser diferentes, aunque no sepamos cómo, estaríamos estancados en lo que tenemos. Eso tal vez nos arrebataría una de las mayores fuerzas de la evolución, nuestra creencia de que el cambio es factible de un momento a otro.

Este libro se llama *Merlín moderno*, tributo y referencia a Merlín, el arquetipo de hechicero sabio. Se relaciona con el rey Arturo, Camelot, la isla de Ávalon y relatos de una época impregnada de magia, misterio y misticismo. Merlín inspira a Arturo para que imagine una mesa redonda, símbolo de la plenitud del universo. El poder no se reserva para la persona que preside la mesa porque todos tienen un papel igualitario como cocreadores de la realidad. Todos los que ocupan esa mesa se encargan de usar su poder para crear un mundo más justo y agradable, lleno de bondades y belleza. Merlín nos recuerda los poderes mágicos que nos permiten cambiar nuestra realidad, los poderes que poseemos de manera inherente, pero que a menudo permanecen olvidados y dormidos, a la espera de que alguien los despierte.

La magia nos ayuda a creer que todo es posible, incluso lo que parece imposible o no tiene sentido.

¿Qué es la magia?

Misteriosa, fascinante, poderosa, desconocida, inexplicable, sobrenatural, imposible… Todas esas palabras nos vienen a la mente cuando hablamos de magia.

¿Cómo podemos describir qué es la magia? Tal vez lo que consideramos magia sólo es aquello que no podemos explicar dentro de los parámetros de nuestro sistema actual de creencias. El sistema dominante de creencias procede de la realidad 3D y se sustenta en ella, por lo que cualquier cosa con la que no estemos familiarizados, todo lo que proceda de la multidimensionalidad, puede parecernos magia. Si nunca hemos visto algo o nunca se nos ha enseñado que puede existir, lo relacionamos con el ámbito de la magia y el misterio, incluso cuando lo estamos experimentando y observando con claridad. O intentamos encerrar lo que emerge del nuevo paradigma en los límites de las antiguas creencias, de manera que negamos la magia, la creatividad y, en última instancia, la evolución. Considerar que un niño intuitivo es altamente sensible sería un ejemplo.

La magia se podría describir como la explicación que damos a algo que percibimos como real, aunque la ciencia no lo haya podido probar o explicar (todavía), y que nuestra lógica y razón se resisten a aceptar. Los aspectos de nuestra inteligencia que se basan en la lógica, la linealidad cronológica y las limitaciones de la realidad 3D luchan por aceptar lo que no se puede explicar con esos términos.

Lo que sabemos sobre la magia que aparece en las películas es que hace posible lo imposible y permite que ocurra lo inimaginable. Los cinéfilos esperan suspender su incredulidad de manera temporal para entrar en los mundos creados por la narrativa y la producción de películas. Averiguar cómo suspender tu incredulidad para percibir una nueva versión de la realidad (durante un período más prolongado que la duración de una película) podría expandir tu conciencia y prender la mecha de tu propio poder mágico.

«Magia» es otra palabra para «manifestación».

Lo más probable es que ya haya más magia en tu vida de la que percibes. Cosas increíbles e inexplicables ocurren a todas horas. A veces, parecen mágicas y misteriosas, pero a menudo son cosas a las que estamos acostumbrados, que damos por sentado y aceptamos como parte de nuestra realidad sin percatarnos de que proceden de un lugar más allá del mundo 3D y la linealidad cronológica, lo que las convierte, de hecho, en magia.

Por ejemplo, piensa en el amor incondicional, absoluto y sin límites que sientes por tus hijos, tu pareja, tu familia, tus amigos o tus animales. Esa sensación es, sin duda, real, pero no se puede explicar en términos científicos o lineales, por lo que pertenecen al ámbito de la magia y el misterio. Otros ejemplos que transcienden al mundo 3D serían Dios, los ángeles, el alma, la conexión, la guía o la remisión espontánea, entre otros. Muchos de estos conceptos son reales para un gran número de personas, pero imposibles de describir o demostrar de manera que puedan explicar por completo la alegría, el consuelo, la orientación, la esperanza, la fe, la satisfacción y la motivación que nos aportan.

También están las experiencias que, de forma mágica, alteran nuestra forma de sentir y, por lo tanto, de percibir la realidad. Pueden cambiar al instante nuestro estado de ánimo o sentimientos sobre nosotros mismos, el mundo o conceptos intangibles como «Dios» o «el amor». La música puede hacer todo eso. Algunas canciones nos hacen sentir felices o románticos, y otras, tristes o enfadados. Seguro que tú mismo lo has experimentado. Piensa en tu canción favorita. ¿Por qué lo es? ¿Cómo te hace sentir?

Algunas actividades o experiencias pueden cambiar nuestro humor al instante, como el primer rayo de Sol tras un día gris, un cachorro gracioso con el que nos encontramos en nuestro paseo matutino o una llamada telefónica del familiar que menos nos gusta. Todas esas cosas tienen poderes «mágicos» para cambiar nuestro humor al instante y, por lo tanto, nuestra experiencia de la realidad. ¿No es increíble?

Nuestro guía interior es otro ejemplo de algo «mágico». Para muchos es muy real, aunque difícil de explicar o demostrar desde una perspectiva lineal. A lo que me refiero con «guía interior» es a esas perspectivas e ideas que parecen llegarnos de la nada o de una fuente a la que muchos llaman un poder superior o divino. A menudo, esto ocurre en mitad de actividades en apariencia corrientes, como fregar los platos, cocinar o cuidar el jardín. Tal vez porque nuestra mente pensante reduce su velocidad al llevar a cabo tareas que no requieren demasiado esfuerzo mental. Personalmente, suele sucederme mientras estoy en la ducha.

Por supuesto, puedes acceder de forma deliberada a ese guía interior a través de prácticas de *mindfulness*, como la meditación o dar un paseo por la playa, el bosque o cualquier sitio cercano a lo divino, como un lugar de culto. Nuestra conexión con lo divino podría, en realidad, ser la mayor expresión de nuestra creencia (inconsciente) en la magia, como prueban un buen número de religiones en todo el mundo y la gran cantidad de humanos que cree en una especie de poder superior o expresión de lo divino.

Antes de continuar, necesitamos llegar a un acuerdo sobre las palabras que vamos a utilizar para referirnos a lo divino. Algunos pueden llamarlo Dios, fuente, creador, universo, poder superior, Alá o espíritu. Suelo intercambiar estos términos porque para mí todos significan lo mismo, es decir, mi idea de que hay algo más grande que yo, con lo que siento una gran conexión y me guía en mi viaje por la Tierra. Algunos quizás entendéis lo divino o lo sagrado como un campo de energía creativa, de potencial infinito o simplemente como «el campo». Utilizaré estos términos de forma intercalada; espero que te sientas a gusto con eso y tanto tú como yo estemos de acuerdo en el significado que pretendo darles.

El paradigma que está emergiendo ahora amplía la conciencia de nuestra relación con lo divino, que se desarrolla a través de nuestras experiencias como almas encarnadas o corporeizadas. Muchos paradigmas religiosos occidentales afirman que el alma viaja desde el cuerpo a un más allá que extrae dicha alma de su cuerpo y la ancla a la relación con lo divino. El alma se expresa de forma exclusiva en una sola vida humana, y el crecimiento que experimenta tras la muerte tiene lugar mientras el alma sirve a Dios de la forma en que resulte apropiada.

El paradigma espiritual emergente parece coincidir más con las ideas de reencarnación que caracterizan a muchas filosofías orientales. Es posible explorar las percepciones del paradigma emergente y mantener una relación auténtica con una creencia religiosa que emergió del paradigma más antiguo. Este libro ofrece conceptos y prácticas que lo permiten. Si tu sistema de creencias no incluye la reencarnación, te invito a encontrar paralelismos en tu experiencia espiritual que concuerden con las percepciones que ofrezco para las almas antiguas, nuestro propósito para estar aquí y nuestras oportunidades de aprendizaje y contribución.

Creer en ti

La magia requiere una intención y convicción profundas e inquebrantables. Para alcanzar esa convicción, el mago necesita desear percibir la magia como parte de una realidad ampliada. Permanecer en los modos habituales de organización de la información de una manera simplemente lineal y 3D impedirá que cualquier mago desarrolle la percepción y las herramientas con las que trabajar con el universo y hacer magia. Para ver un mundo en el que haya magia, necesitamos sumergirnos en el modo perceptivo, que nos permite adentrarnos en nuestro interior, acceder a nuestra intuición y alinear nuestro poder creativo con las energías del universo y lo divino.

Como ya hemos visto, sólo podemos entrar en el modo perceptivo a través del ahora, de una experiencia en el presente, centrándonos en nosotros mismos. Esto permite que percibamos el ámbito multidimensional de las energías sutiles y los susurros, donde la intuición reconoce el potencial de traer al mundo aquello que no existe aún o alterar y transformar lo que sí existe.

Para hacerlo, necesitamos la convicción que nos aportan la atención fija y la conciencia. La fuerza y estabilidad de nuestra convicción reflejan la cantidad de energía que podemos proporcionar al momento. El poder que tengamos como magos depende de nuestra capacidad de dirigir la energía hacia nuestra intención. Un «abracadabra» incierto y cuestionable no sirve. En la película *La comunidad del anillo* (2001), cuando Gandalf, el Gris, se enfrenta al feroz Balrog de Moria, en el puente de Khazad-dûm, reteniendo a la criatura para que sus amigos escapen, necesita que el universo ceda a sus deseos. Para ello, se muestra como un ser extraordinario, con una gran presencia y una convicción inquebrantable. Imagina cómo hubiera sido la escena si se hubiera mostrado inseguro y temeroso, si hubiera murmurado el hechizo y movido el bastón, dubitativo. ¿Crees que habría sido eficaz? Cambiar tu realidad comienza con una creencia profundamente arraigada de que puedes hacerlo.

El ingrediente principal de la magia
es la creencia.

La idea de que tienes el poder de cambiar tu realidad comienza con una creencia enraizada en ti. Tienes que creer en tus propias habilidades para cambiar la naturaleza básica de la experiencia de tu realidad.

Debes tener una convicción absoluta de que puedes cambiar lo que es por lo que puede ser. Este tipo de convicciones requiere la creencia de que puedes aliarte y cocrear con lo divino.

Si vas a cambiar la forma del mundo y tu realidad, tendrás que colaborar con el poder que ha creado el mundo en primer lugar, ¿verdad?

Cuando estás conectado profundamente contigo mismo y con un poder superior, tu presencia no se pone en duda. Esta conexión firme es el poder secreto de los grandes hechiceros y magos que, según sus convicciones, intenciones y confianza, pueden hacer grandes trucos de magia.

Cocreas con lo divino.

Pensemos en *Star Wars* durante un segundo. Las películas se desarrollan en torno a un poder misterioso al que se refieren como «la Fuerza». ¿Qué es? ¿Es mágica? ¿Cómo se tiene acceso a ella? ¿Qué necesita un Jedi para conectar con la Fuerza y usarla? Como sabemos, el primer requisito de un Jedi (o un Sith) es creer en la Fuerza, tener la certeza de que lo impregna todo.

Entonces, ¿cuál es la convicción inquebrantable necesaria para cualquier mago? Que somos parte de lo divino, del espíritu, del universo. Que no existe ninguna separación entre nosotros y un poder superior. Que cocreamos con él. Que somos poderosos. Ilimitados. ¡Mágicos!

La magia de los opuestos

Todas las películas e historias sobre los magos revelan una verdad acerca de la magia: ésta depende de transformar la comprensión de cada uno sobre los opuestos y cómo se relacionan entre sí. Oscuridad y luz, bueno y malo, día y noche, héroe y villano, guerra y paz, y vida y muerte son ejemplos de opuestos con los que estamos familiarizados. En nuestro sistema convencional de creencias basado en la realidad 3D, los opuestos se consideran polaridades que se oponen entre ellos. Esto implica que están en conflicto o que, incluso cuando componen un todo, permanecen separados. Quizás pienses que la noche y el día completan el ciclo de un día, que el nacimiento y la muerte completan el ciclo de la vida o que la fealdad y la belleza marcan los extremos de un espectro de atractivo. Ésa es la magia de los opuestos en la realidad tridimensional: cosas que parecen oponerse en realidad crean un todo, aunque las partes de ese todo siguen siendo opuestos que se definen entre sí como cualidades, experiencias u objetos separados.

¿Alguna vez has pensado qué es la oscuridad? ¿Cómo la definirías? Dedica un momento a reflexionar e inténtalo. ¿Y bien? ¿Qué se te ha ocurrido? ¿Sabías que la oscuridad por sí sola en realidad no es nada? Es simplemente la ausencia de luz. ¿Eso no sugiere un aspecto interesante sobre la dependencia de los opuestos, sobre cómo dependemos de ver las cosas en oposición a otras? Ésa es nuestra manera de entender su naturaleza en la realidad 3D.

La realidad 3D en la que vivimos se basa en la dualidad o polaridad. Ambas palabras hacen referencia a la diferencia entre las fuerzas o cualidades opuestas. Quizás te preguntes por qué necesitamos a ambas. ¿No sería la vida mucho más fácil si sólo hubiera luz, sin oscuridad? ¿Si sólo hubiera vida, sin muerte? ¿Si sólo hubiera bien, sin mal? ¿Si sólo hubiera felicidad, sin tristeza?

Quizás en principio te parezca cierto, dado el hábito de nuestra mente y la percepción que hemos desarrollado en la realidad 3D. Desde esa perspectiva, creemos que la evolución y el crecimiento significarían dejar de experimentar tristeza, el retraso o la desaparición total de la muerte, que sólo hubiera belleza, que no existiera nada a lo que temer o de lo que preocuparse.

Sin oscuridad, escasez o pérdida. Sin embargo, cuando profundizamos un poco más en el tema, encontramos algunas percepciones interesantes que sugieren otra realidad, una en la que esas diferencias son esenciales, no sólo para nuestra existencia en 3D, sino también para nuestra evolución hacia la multidimensionalidad.

Día y noche

Nuestros cuerpos físicos se crean para fluir con los ciclos del día y la noche. Nuestro cerebro comienza a producir melatonina cuando oscurece a nuestro alrededor. La melatonina es una hormona que nos ayuda a ralentizar la mente y dormir, lo que es necesario para descansar, recuperarnos y sanar el cuerpo. Por el contrario, cuando hay luz a nuestro alrededor, el cerebro empieza a producir serotonina, una hormona que despierta nuestra mente y cuerpo, por lo que podemos participar en nuestras actividades diarias. Éstas incluyen lo que necesitamos para sobrevivir y disfrutar de nuestro bienestar.

En el ámbito 3D, seguimos deseando sólo luz, aunque entendamos que la oscuridad tiene su propósito. Seguimos juzgando a la luz como algo bueno y a la oscuridad como algo malo.

En la multidimensionalidad, no juzgamos la calidad de cada cosa, sino que nos centramos en la relación entre las dos partes y lo que logran a través de la interdependencia dinámica de sus diferencias.

Tirar y aflojar

La vida en la Tierra depende de la dinámica de los imanes, el tira y afloja entre opuestos. Sin el campo magnético que rodea nuestro planeta, estaríamos expuestos a una radiación peligrosa y la atmósfera fluiría libre por el espacio.

En la realidad 3D, el sur se opone al norte y se enfrentan entre sí.

Nuestras diferencias en realidad contribuyen
más a nuestro desarrollo que nuestras
similitudes.

En la multidimensionalidad, percibimos el campo que estos opuestos generan entre sí. Desde esta perspectiva, en el contexto interrelacional de los imanes, el tira y afloja entre opuestos es a menudo esencial para el éxito de las relaciones, ya que ayuda al crecimiento y la evolución. Seguro que te has encontrado con relaciones en las que las diferencias entre dos personas en realidad contribuían en gran medida al éxito de dicha relación. El tira y afloja no nos pide que nos separemos, sino que nos recuerda que somos parte de un todo: la dualidad de ti y de mí se convierte en la no dualidad de un «nosotros».

Vida y muerte

El ciclo de la vida y la muerte se encuentra en el núcleo de toda vida. La vida en sí misma exige movimiento y cambios para perpetuarse. Lo viejo debe morir para permitir que lo nuevo nazca. Aun así, con nuestro pensamiento 3D, queremos erradicar la muerte si se puede o, al menos, retrasarla (igual que todas las muestras de vejez). Tememos acabar con la muerte de nuestro cuerpo físico. Lo irónico es que esta percepción 3D de la muerte como el final de todo evita que vivamos al máximo y disfrutemos de vidas creativas. Si queremos recrearnos como versiones más completas y realizadas, debemos permitir que algunos aspectos de quiénes somos y hemos sido mueran para hacer hueco, liberar energía y dejar espacio.

En la multidimensionalidad, reconocemos que somos patrones de energía que emerge, se disuelve y vuelve a emerger con una complejidad mayor en cada iteración. Estamos hechos de energía y ésta nunca deja de existir. En su lugar, adopta diferentes formas. Nuestra esencia principal, el alma, es infinita y seguirá ahí para siempre. Por eso, en vez de ver la vida como un círculo, que es el entendimiento 3D en su máxima expresión sobre cómo los opuestos de nacimiento y muerte completan el ciclo de la vida, una comprensión multidimensional consideraría la vida como una espiral. Ésta se compone de círculos continuos que nunca se cierran, sino que siempre nos empujan hacia la siguiente vuelta de la evolución, lo que simboliza que la vida nunca se repite de la misma manera. La vida continúa con la evolución de nuevas formas, no con la repetición de las antiguas. En lugar de dividir un ciclo de vida en la dualidad de vida y muerte, reconocemos la no dualidad de la consciencia en la que la vida y la muerte emergen la una de la otra y se completan entre sí.

Héroes y villanos

¿Dónde estaríamos sin los héroes? Gran parte de nuestro desarrollo se basa en la misión heroica de salvar al mundo o a la damisela en apuros. Querer hacer el bien, marcar la diferencia o dejar nuestra huella es un potente factor motivacional para mejorar y desarrollarnos. Nuestra evolución depende de él. Sin oscuridad, maldad o acciones erróneas, ¿qué nos llevaría al crecimiento y el cambio?

En el pensamiento 3D, el factor motivacional es erradicar la oscuridad, triunfar sobre la injusticia y permitir que el bien absoluto venza al mal absoluto. Ganar esta «guerra» depende de la separación de la luz y la oscuridad, de la dualidad para que la luz pueda triunfar. Aunque *Star Wars* empieza con un pensamiento 3D, con Darth Vader intentando erradicar la luz y Luke intentando acabar con la oscuridad, la saga continúa hasta una epifanía totalmente multidimensional: todos acaban percibiendo las limitaciones de la dualidad y el poder creativo de la no dualidad. Al final, el bien y el mal no se enfrentan en una batalla a muerte, sino que participan en un complejo baile que desprende el potencial creativo de ambos elementos de la Fuerza.

Nuestra realidad física no se crea sobre los principios de los opuestos, sino que aprendemos y nos entendemos a través de las diferencias. Si fuéramos todos iguales, ¿cómo sabríamos lo que nos gusta y lo que no, lo que queremos y lo que no? Las decisiones que tomamos en todo momento determinan la dirección en la que encaminamos nuestra vida. Aprendemos sobre nosotros mismos y el mundo que nos rodea gracias a la diferenciación. Sin embargo, eso no significa que tengamos que definirnos como «mejor que» o «menos que». Cada uno es una parte completa y única de un todo más grande. Nos conocemos a través de la relación con ese todo mayor, en lugar de la comparación y la competición con los demás.

En el ámbito 3D, de forma inconsciente aceptamos que una realidad física se crea tomando como base los opuestos. Entendemos nuestras relaciones conforme a opuestos en conflicto, en lugar de verlos bailando como aspectos complementarios. En el mundo multidimensional, las diferencias son creativas y generan una realidad en común que permite que todos perciban su potencial (y lo hagan realidad).

Piensa en un arcoíris. No sería lo mismo si, en lugar de muchos colores, sólo tuviera uno, ¿verdad? La magia se produce porque todos los colores se muestran como expresiones individuales dentro de un espectro de luz visible que, al juntarse, forman una sinfonía. Igual que las personas.

La magia de los complementarios

Hemos visto que nuestro universo se crea en torno al concepto de los opuestos. Sin esto, la vida tal y como la conocemos no existiría. Ahora, profundicemos un poco más y veamos cómo, dentro del universo 3D que opera gracias a la dualidad y la polaridad, hay espacio para la fusión, el compromiso, la cocreación y las relaciones en la multidimensionalidad.

La magia pertenece al ámbito
de la multidimensionalidad.

Volvamos a *Star Wars* para explorar estas ideas, dado que es una representación divertida y clara de un universo basado en la polaridad que da lugar a aventuras cautivadoras, dilemas morales, situaciones con las que sentirnos relacionados y gran cantidad de héroes, damiselas en apuros y mundos al borde de la devastación.

En las películas de *Star Wars*, la Fuerza vive dentro de todos nosotros. La manera en la que elegimos expresarla, sin negar ningún aspecto de ella, es lo que nos vuelve únicos, lo que nos convierte en nosotros mismos y en nadie más. Ésa es la lección que extraemos de *Star Wars: El ascenso de Skywalker*. Sólo al aceptar que somos Palpatine (oscuridad) y Skywalker (luz), podremos acceder a todo el potencial creativo de la Fuerza. Darth Vader muere como Anakin Skywalker por la decisión que toma al final de su vida. Su nieto, Kylo Ren, elige con valentía, y él y Rey, en el pasado enemigos, conectan la luz y la oscuridad de la Fuerza gracias a su amor, lo que permite que todos puedan experimentar la nueva realidad de los aspectos complementarios creativos.

Star Wars nos proporciona los ingredientes perfectos con los que cuestionarnos nuestra propia moralidad, creencias y motivos, y con los que ver sus limitaciones cuando las promulgamos como si toda la realidad se encontrara en 3D. Nos ayuda a aprender sobre nosotros al presentarnos situaciones y cuestiones que se pueden aplicar a nuestra vida a medida que exploramos la multidimensionalidad. ¿A quién no le gustaría llevar una espada láser en la cadera mientras camina por la calle? ¿Quién no se sentiría más completo en el mundo 3D al tener una visión que incluyera la multidimensionalidad?

Por supuesto, hay un lado oscuro y otro luminoso en la Fuerza, pero las cosas no son siempre tan sencillas como elegir uno u otro. Somos testigos de un tira y afloja constante entre nuestros héroes y villanos a la hora de permanecer leales a su «lado» y sus creencias. Nosotros, como espectadores, nos encontramos alternando la compasión y la hostilidad por ambos. En la realidad multidimensional, de nuevo como espectadores, reconocemos tanto la luz como la oscuridad que hay en nuestro interior. Entendemos a ambas y expresamos las energías que caracterizan a las dos, dado que necesitamos dichas energías para crear nuestra realidad y cocrear el universo.

Con *Star Wars* en mente como ejemplo de que los opuestos y los aspectos complementarios son la base de la Fuerza (y de toda la magia), echemos un vistazo a las imágenes de la página siguiente. ¿Crees que representan modelos opuestos o complementarios? ¿Qué crees que simboliza cada versión? ¿Qué significa la línea? ¿Y los puntos?

Contempla durante unos instantes cómo estas figuras representan relaciones. Tal vez te recuerden a una o dos relaciones importantes de tu vida. Considera qué figura las representa mejor y por qué. ¿Qué imagen prefieres? ¿Qué se necesita para tener en una relación la clase de dinámica que aparece en la figura 3?

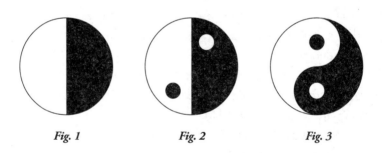

Fig. 1   Fig. 2   Fig. 3

La magia y la manifestación, nuestra capacidad para cocrear nuestra realidad, requieren fusión, compromiso, colaboración y la relación dinámica de los opuestos. Un baile que trascienda las separaciones de la polaridad generará un todo mágico.

Creencias

Las creencias son una de las poderosas fuerzas motrices que llevan a la acción y el cambio. Se pueden describir como el estado mental que experimentamos cuando creemos que algo es cierto. Hasta hace poco, casi siempre era nuestra mente consciente (analítica) la que decidía si creíamos o no en algo. Si descubríamos pruebas suficientes (hechos lógicos y científicos) que apoyaban una teoría, la considerábamos cierta y, por lo tanto, creíamos en ella.

En la nueva energía, que es cada vez más multidimensional, ya no es suficiente con fiarnos de la mente lógica y analítica para determinar nuestra verdad y creencias. Nuestra mente analítica y lógica depende de la dualidad. Compara, contrasta, separa una cosa de otra y clasifica las experiencias en pasadas y futuras, aunque las estemos observando en el presente 3D (en las raras ocasiones en las que lo hacemos).

Cuando creemos en algo, conducimos
nuestras acciones hacia una realidad y vida
que apoyan esta creencia.

Ahora que nuestro mundo se satura cada vez más de elementos multidimensionales (como recuerdos de otras vidas o dimensiones, capacidades mejoradas extrasensoriales y paranormales y una noción del tiempo alterada), necesitamos cambiar la forma de pensar. Nuestra experiencia con estos elementos multidimensionales desafía la dualidad de la que dependen la lógica, la razón e incluso el sentido común. Si queremos acceder a la multidimensionalidad y trabajar con la consciencia, debemos dejar atrás las dualidades fundamentales del pasado y el futuro, y estar presentes en el ahora, que no cuenta con esa dualidad, va más allá del tiempo lineal y se puede acomodar tanto a la realidad 3D como a la multidimensionalidad. Debemos utilizar el modo perceptivo, aunque el colectivo y común de la consciencia niegue su existencia.

Por desgracia, la ciencia 3D, anclada a los modos dualistas de observación y razonamiento, no se ha puesto al día lo suficiente para proporcionar bastantes pruebas con las que dar total sentido a la multidimensionalidad. Debemos confiar en otras partes de nuestro ser, más allá de la mente consciente y lógica, para navegar por este emocionante nuevo mundo. Si hay bastantes personas emprendiendo este viaje de forma individual, la experiencia colectiva cambiará. Navegar por la multidimensionalidad acabará convirtiéndose en una parte de nuestro paradigma y sistema de creencias colectivos.

Coherencia

Estamos descubriendo lo esenciales que son nuestro corazón e intuición, que debemos considerar tan valiosos como nuestra mente analítica a la hora de determinar nuestras creencias. Para sobrevivir en esta nueva energía como seres humanos multidimensionales que cocrean y tienen el control de su realidad, debemos creer que somos dichos seres, capaces de percibir y trabajar con una realidad que nuestra ciencia y hábitos actuales de pensamiento no pueden validar.

La autoestima es esencial.

Cambiar tu realidad comienza con una
creencia enraizada de que puedes hacerlo.

Debemos creer sin una pizca de duda que somos creadores poderosos. Dado que la magia requiere una convicción profunda y firme por parte del mago, debemos creer que todo es posible, en especial aquello que no tiene sentido para nuestra mente lógica. Validar nuestros corazones e intuiciones mientras exploramos el modo perceptivo es un primer paso importante hacia un nuevo paradigma y sistema de creencias que reconocen la multidimensionalidad de todo.

El siguiente paso es encontrar una concordancia entre nuestro corazón (sede de nuestros sentimientos) y nuestra mente (sede de nuestros pensamientos). Así es como el mundo lineal 3D y el sutil y multidimensional se unen a través de la armonía de los pensamientos generados por la mente y los sentimientos generados por el corazón. Juntos crean el tono energético general de nuestro ser. En esta coherencia, en esta concordancia, reside el poder de nuestra magia.

Entrar en sintonía

Dado que el modo perceptivo es la base del trabajo con la multidimensionalidad, vamos a usar esa modalidad para analizar la información de la que hemos hablado en un modo 3D. Hemos elaborado algunas ideas sobre la multidimensionalidad usando el marco 3D de pensamiento lineal. Ahora, al contemplar esas ideas desde el modo perceptivo, podemos experimentar y familiarizarnos con modos de consciencia que no solíamos usar a la hora de aprender, dado que la consciencia 3D ve el aprendizaje como una tarea intelectual que depende de una organización y análisis lineales y lógicos.

Así, sigue tu respiración para entrar en el modo perceptivo y atrae hacia tu conciencia el concepto de «conocimiento». Basta con observar lo que aparece como respuesta al decir la palabra «conocimiento». Quizás veas colores o palabras que surgen en patrones o redes, y es posible que aparezcan y se desvanezcan. Tal vez oigas sonidos, evoques recuerdos, captes el eco de voces o música. A lo mejor experimentas olores que traen consigo recuerdos. No intentes organizar, entender o asignar un significado a lo que emerja; sólo sé consciente de ello y de las sensaciones, imágenes, pensamientos o intuiciones que acompañan a la experiencia.

Cuando te sientas completo, cuando no emerja nada nuevo y hayas tenido la oportunidad de absorber lo que se ha presentado ante ti, céntrate en la respiración y, después, en tu cuerpo en general. Retorna al entorno 3D.

Puedes anotar en un diario lo que acabas de percibir y experimentar para volver a dichas notas a medida que avances por el libro.

3

REALIDAD:
EL PODER DE LA COMPRENSIÓN

«Cuando las leyes de las matemáticas se refieren a la realidad, no son ciertas; cuando lo son, no se refieren a la realidad».

ALBERT EINSTEIN, *físico teórico*

¿Qué es la realidad?

Como parte de la base que estamos construyendo para un nuevo paradigma, vamos a examinar lo que pensamos que crea nuestra realidad. Después de todo, si vamos a explorar cómo nuestros poderes mágicos pueden alterar nuestra realidad existente, primero debemos analizar esa realidad en sí misma. ¿Qué es exactamente la realidad? ¿Puedes definirla como absoluta o como algo distinto para cada persona?

Piensa ahora en algo que sea real para ti. ¿Qué es lo primero que te viene a la mente cuando te pido que me digas algo que sea real? ¿Cómo sabes que lo es?

Le hice esa pregunta a mi hijo y su respuesta fue: «La silla de ahí es real». A continuación, le pregunté qué la hacía real y dijo que la podía ver, sentir, tocar… e incluso tirar. Para él, la realidad de la silla estaba relacionada directamente con la experiencia que tenía de ella a través de los sentidos.

Aunque el ejemplo de mi hijo ilustra una definición colectiva de realidad bastante clara, seguro que, si le preguntamos a una persona ciega que defina cómo sabe que algo es real, su respuesta será un poco distinta.

Según el diccionario *Merriam-Webster*, la palabra «realidad» se define como «situación verdadera que existe o algo que existe u ocurre de verdad». Esto sugiere que podemos definir una realidad que es igual para todos, con independencia de creencias, religión, género, edad, ubicación, cultura, tiempo, estado mental, físico o emocional del ser.

Analicemos en profundidad el fragmento «algo que existe […] de verdad». ¿Cuándo existe algo de verdad? ¿Cuando lo vemos? ¿Cuando lo oímos? ¿Cuando huele, tiene sabor o se puede tocar?

Todas ésas son experiencias que percibimos con los cinco sentidos básicos: vista, oído, olfato, gusto y tacto. Estos sentidos están conectados a órganos específicos de nuestro cuerpo que envían señales al cerebro para ayudarnos a entender el mundo que nos rodea… un mundo material y 3D, con la forma como base. Es un sistema de retroalimentación muy importante para cualquier organismo vivo con un cuerpo físico en un mundo físico. Nos ayuda a permanecer a salvo y saludables, cálidos y cómodos, alimentados y queridos. Nuestros sentidos nos proporcionan información valiosa sobre el mundo físico que puede evitar que nos quememos, ahoguemos, congelemos, caigamos desde una gran altura o nos envenenemos. Los datos que recibimos a través de los sentidos sobre la temperatura, el clima, la alimentación o nuestro entorno están relacionados directamente con nuestros cuerpos físicos. Son reales para todos los que tenemos un cuerpo físico. Se podría decir que es una realidad «colectiva».

Sin embargo, somos más que nuestros cuerpos físicos, y nuestro bienestar y felicidad dependen de muchos otros aspectos, no sólo de la seguridad y la salud físicas. Somos una compleja combinación de elementos físicos, emocionales, mentales y espirituales. En distintos círculos esotéricos, se cree incluso que tenemos hasta cinco o siete cuerpos, incluidos el físico, el etérico, el astral, el mental, el espiritual, el emocional, el cósmico y el nirvánico. Para simplificar las cosas, en este libro abordaremos los aspectos físicos, mentales, emocionales y espirituales de nuestra consciencia. Estos cuerpos son, en esencia, iguales para todos nosotros, como nuestra fisiología. Sin embargo, la forma en la que trabajan juntos para convertirnos en los seres completos que somos y, por lo tanto, la manera en la que experimentamos nuestras vidas son muy distintas para cada uno. Nuestra realidad colectiva puede ser muy diferente de la individual.

Por ejemplo, el coronavirus produjo una pandemia mundial a comienzos de 2020. Eso era una realidad colectiva, es decir, nos ocurrió a todos en todo el mundo. No obstante, cómo lidiamos con él, nuestra forma de responder y el impacto en nuestra vida individual fue una realidad personal. Incluso es probable que dos personas que contrajeron el virus y tuvieron síntomas similares vivieran experiencias individuales diferentes. Lo que fue «real» para una quizás fue totalmente distinto para la otra.

Imaginemos que nuestra temperatura corporal es superior a 37,8 °C. Cualquiera lo consideraría fiebre, pero la manera en la que lidiemos con ella, e incluso lo que sintamos, difiere en gran medida de una persona a otra. No sólo cambia la respuesta física, la resistencia o la reacción a la fiebre, sino también la respuesta emocional y mental.

Algunos abordan la fiebre sólo a nivel corporal (medicamentos, suplementos, alimentación, calor o frío corporal a través del control del entorno…), mientras que otros usan métodos más holísticos, e incluyen aspectos emocionales o espirituales (música, meditación, trabajo energético como el reiki, cristales y prácticas de *mindfulness*). Aunque la definición de fiebre es una realidad colectiva, la experiencia y la respuesta a la ella son individuales.

No todas las realidades son iguales

Algunas cosas son reales para todos, como la gravedad, las mareas y las corrientes de los océanos, los ciclos de la Luna, las estaciones, la fisiología del cuerpo humano, la humedad del agua, el frío de la nieve, el calor del Sol, los 365 días que tarda la Tierra en dar una vuelta completa, que la nueva vida humana surge de la unión de opuestos aparentes (óvulo y espermatozoide) y que la experiencia universal con la que comienza nuestra vida es el nacimiento de un cuerpo físico y termina con su muerte. Todos estos son hechos probados, verdaderos o precisos.

Todo lo que consideramos verdadero de forma colectiva es lo que consideramos que es real.

Esta verdad es algo que hemos decidido entre todos. Como resultado, lo hemos convertido en parte de nuestro sistema de creencias. Son los fundamentos con los que entendemos nuestro mundo y realidad.

MAREAS Y
CORRIENTES OCEÁNICAS

GRAVEDAD

CICLOS LUNARES

**REALIDAD
COLECTIVA**
(Absoluta)

DÍAS DE
24 HORAS

FISIOLOGÍA

NACIMIENTO
Y MUERTE

ESTACIONES

A menudo, estos hechos tienen relación con el mundo natural de los seres vivos, la fisiología con la que funcionan nuestros cuerpos, cómo nacemos, crecemos, enfermamos, nos recuperamos y morimos, por qué sale el Sol, giran los planetas y aparecen y desaparecen las estrellas, por qué el agua se congela a cierta temperatura y se vuelve vapor a otra. Estas cosas son parte de una realidad colectiva que es absoluta. Son verdaderas para todos nosotros.

Luego están aquellos aspectos secundarios, relativos o condicionados, que son parte de una realidad colectiva. Son reales para todos, pero nuestra comprensión y experiencia difiere. Creamos instituciones, ideologías, sistemas de creencias e incluso modelos económicos y educativos para expresar la comprensión de la realidad que tenemos en común con nuestras familias, comunidades, correligionarios o conciudadanos. Nuestros distintos sistemas económicos, religiosos, de gobernanza, modelos educativos, relacionales, políticos y de salud lo demuestran. Muchas personas piensan que esta realidad colectiva y relativa es la auténtica realidad absoluta. Parece tener mayor influencia en el día a día de la mayoría de las personas que la absoluta, al menos hasta donde son conscientes. Para muchos, la naturaleza es un telón de fondo o un escenario para su experiencia, algo de lo que no son conscientes, a diferencia de sus creencias religiosas (si las tienen) o el consumismo como forma de expresar su personalidad.

De esta manera, aunque algunos aspectos son parte de nuestra realidad colectiva porque son reales para todos, ya sea una realidad absoluta o relativa, muchas de nuestras experiencias son personales y, por lo tanto, crean una realidad personal. Lo que percibimos como bonito, la forma en la que experimentamos el amor o cómo conectamos con un poder superior son ejemplos de realidades personales. Lo que quizás sea parte de tu realidad podría estar totalmente ausente en la de otra persona. Seguro que se te ocurre algo que sea muy importante en tu vida pero que no está presente en la de tus compañeros, hermanos o amigos.

Mientras que la magia no tiene ninguna relevancia en la vida de algunas personas, para otras es tan real como saber que el Sol sale de nuevo cada mañana. Quizás medites de manera habitual y sientas sus profundos efectos positivos en tu salud y humor. Eso es una realidad para ti. Sin embargo, un compañero tuyo puede no haber meditado nunca. No es parte de su realidad.

Podríamos decir que la realidad a menudo no es objetivamente absoluta. Sólo depende de la experiencia personal de nuestro mundo interior y exterior, de la manera en la que los percibimos. La realidad es distinta para todos. Y la realidad que conocemos está determinada por los modos de consciencia que utilizamos para explorarla. Si investigas la realidad usando el modo perceptivo y la consciencia 3D, si has utilizado la técnica que hemos visto en el primer capítulo, quizás ya hayas empezado a ver lo diferente que puede ser tu experiencia del día a día.

Todos vivimos dentro de la burbuja de nuestra realidad personal, y juntos, en la burbuja de realidad colectiva.

Realidad, creencias y magia

En el primer capítulo, analizamos la relación entre la magia y la realidad. Descubrimos que la magia tiene que ver con creer en nuestra propia capacidad para cambiar la naturaleza básica de la realidad (y nuestra experiencia). También que la magia requiere una creencia firme por parte del mago de que puede cambiar su realidad. Las creencias se encuentran en el núcleo de la magia. Lo que creemos o no es primordial para nuestra capacidad de alterar la realidad y, por lo tanto, de hacer magia.

Muchas de estas creencias están ancladas con firmeza a nuestro sistema colectivo de creencias, ya sea al haber pasado de generación en generación o porque nuestra cultura o religión las ha establecido. Limitan nuestros poderes a la hora de cocrear sin que seamos conscientes de que las cosas no tienen por qué ser así. Cambiar nuestra realidad comienza con la creencia de que podemos hacerlo, pero a menudo no nos damos cuenta siquiera de que es posible.

Una creencia es una idea
en la que no dejas de pensar o una historia
que te cuentas una y otra vez hasta que
se convierte en tu verdad.

Para cambiar algo de nuestra realidad, debemos ser conscientes de qué crea esa realidad. Analicemos algunas creencias en tres áreas generales de nuestra vida: el mundo, otras personas y nosotros mismos. Recuerda que lo que creemos que es verdad es lo que creemos que es real. Y todas las cosas que creemos que son reales componen en conjunto nuestra realidad.

Vamos a explorar nuestras creencias «negativas» porque son los pensamientos que limitan lo que nos resulta posible. No dejan de estancarnos en nuestra expresión de quiénes somos y lo que somos capaces de crear. Estas creencias bloquean nuestra magia.

Creencias sobre el mundo

Nuestras creencias tienen un profundo efecto en nuestra realidad. Lo que creemos presenta posibilidades y límites para quiénes somos y lo que podemos hacer. Cuando partimos de la perspectiva *statu quo* de que «el mundo no es un lugar fácil en el que vivir», «el peligro acecha en cada esquina» o «el mundo está en nuestra contra», creamos una realidad muy distinta que cuando partimos de una perspectiva mágica en la que cocreamos con el mundo y todo es posible.

¿Cómo percibes el mundo? ¿Qué creencias tienes sobre él y lo que es posible?

A menudo nos somos conscientes de las afirmaciones que hacemos sobre lo que creemos. Muchos crecemos oyéndolas y las incluimos en nuestro sistema de creencias y, por lo tanto, en nuestra realidad. La advertencia de un padre protector y cariñoso sobre los peligros del mundo quizás de forma inconsciente forme la base de nuestra relación con dicho mundo, limitando (o ampliando) nuestra capacidad de cocrear con él.

Ser conscientes de lo que decimos o sorprendernos expresando creencias que podrían limitar nuestro potencial es un primer paso para convertirnos en poderosos magos que controlan su realidad. En lugar de «el mundo está en mi contra», piensa cómo cambiaría esa afirmación con una perspectiva complementaria (o mágica). Algo como «cocreo con el mundo» o «el mundo quiere que sea creativo o me invita a serlo».

Creencias sobre las personas

Igual que las creencias sobre el mundo influyen en nuestras capacidades mágicas y realidad, lo mismo ocurre con nuestras creencias sobre las personas, en especial con las que están en nuestra vida.

Cuando pensamos, por ejemplo, que las personas están en nuestra contra, que a los hombres sólo les interesa el sexo, que no le importamos a nadie, que las rubias son tontas, que las mujeres no son buenas en puestos de poder, que la gente no cambia o que las personas inteligentes son frikis, es muy probable que construyamos una realidad que refleje esas creencias. Si tenemos una creencia negativa sobre la gente, quizás no busquemos conectar y colaborar con los demás. Eso limita nuestra creatividad (y tal vez también la de otros).

Piensa por un momento en lo que crees sobre el resto. Si no se te ocurre nada ahora mismo, presta atención durante los próximos días sobre lo que dices (o piensas) de los demás. Puede ser una creencia sobre ciertos grupos o categorías de personas, como hombres o mujeres, niños, asiáticos, negros, nativos americanos, alemanes, holandeses, coreanos o japoneses, cristianos, judíos, ateos o budistas, científicos, artistas, políticos, activistas, abogados o actores, personas bajas, altas, con sobrepeso o atléticas.

Cuando empieces a prestar atención, quizás descubras que todos tenemos infinidad de creencias sobre cualquier otra persona. Y todas esas creencias conforman nuestra realidad.

Creencias sobre uno mismo

Quizás las creencias más poderosas sean las que hemos generado sobre nosotros mismos. Nuestra autoestima deriva de lo que creemos de nosotros mismos y, dado que la propia autoestima condiciona lo que pensamos que merecemos y podemos conseguir, es primordial para nuestra capacidad de ser poderosos cocreadores de nuestra vida y, por lo tanto, de hacer magia.

Si creemos que no podemos hacer algo, que no se nos da bien o que no está hecho para nosotros, ¿qué piensas que ocurrirá? Que nunca lo intentaremos o que, si lo hacemos, estaremos tan asustados que será un desastre, no tendremos éxito y, de este modo, se cumplirá nuestro pronóstico. O quizás lo intentemos una vez y, si no funciona enseguida, nos rendiremos, resignados, a lo que ya «sabíamos».

¿Qué crees sobre ti mismo? ¿Qué afirmaciones haces sobre ti y tus capacidades? Podría ser algo como «no se me da bien hablar en público», «siempre atraigo a mi vida al mismo tipo de persona» o «no sería capaz de hacer lo mismo que tú».

La mayoría tenemos innumerables creencias sobre nosotros mismos, opiniones y afirmaciones que hemos convertido en parte de nuestra realidad. A menudo no somos siquiera conscientes del papel tan importante que tienen estas creencias en nuestro lenguaje diario. Sin embargo, tienen una gran influencia en nuestra capacidad de originar o crear circunstancias o de atraer a personas deseables. Al enfatizar y recalcar nuestros límites con un lenguaje del que ni siquiera somos conscientes, de manera intencionada los estamos fortaleciendo.

Si tienes curiosidad por las afirmaciones (positivas y negativas) que haces sobre ti mismo y tus habilidades, te invito a que tomes un cuaderno y hagas dos listas. Llama a una «cosas que se me dan bien» y a la otra, «cosas que se me dan mal». Intenta encontrar al menos diez afirmaciones para cada lista. Quizás te sorprenda descubrir lo que piensas sobre ti mismo.

La perspectiva mágica

La perspectiva mágica hace referencia a la manera en la que observamos el mundo con una creencia arraigada de que podemos cocrear con él. Cuando creemos que es posible modificar nuestra realidad existente, observamos el mundo con curiosidad, de forma inquisitiva y con asombro, esperando que ocurra un milagro o magia. Dicha magia es multidimensional porque aborda cosas invisibles, misteriosas, sutiles y, a menudo, de las que aún no somos conscientes, como si no estuvieran todavía en nuestra realidad. También nos ancla al modo perceptivo en nuestra experiencia diaria. En el modo perceptivo, la sorpresa y la curiosidad eliminan los mapas que crean nuestros juicios y temores infundados, permitiéndonos explorar nuevos territorios.

Cuando operamos desde una perspectiva mágica, podemos cambiar el mundo físico y nuestra experiencia. Piensa cómo cambiaría una afirmación sobre ti mismo si usaras la perspectiva mágica. En lugar de «no se me da bien hablar en público», podrías decir «se me da bien hablar en público si actúo de acuerdo con mi deseo de conectar con otras personas y confiar en que ellas quieren conectar conmigo y oír lo que tengo que compartir». En lugar de decir «atraigo al tipo equivocado de personas», podrías decir «siempre atraigo a la persona perfecta que me ayuda a evolucionar y crecer». De repente, un potencial limitado, uno que afirma que sólo atraes a las personas que no te sirven, cambia a una oportunidad de crecimiento y evolución: la persona que atraes te inspirará percepciones valiosas y oportunidades de expansión.

Tridimensionalidad contra multidimensionalidad

La realidad colectiva se ha definido en gran medida tomando como base lo que podemos experimentar con los cinco sentidos y la ciencia puede explicar. La multidimensionalidad añade lo invisible, misterioso, sutil y, con frecuencia, aquello de lo que no somos conscientes todavía, pero sólo es parte de la realidad personal de esos individuos que han podido acceder a ella a través de su consciencia. Dado que relativamente pocas personas han compartido lo que han experimentado gracias a su consciencia multidimensional, solemos etiquetarlas de forma distinta a las demás: artistas, videntes, chamanes y visionarios si las aceptamos, o enfermos mentales si no lo hacemos. ¿Quién va a querer que se le considere un loco o un genio?

Ahora que la innovación tecnológica está empujando nuestra comprensión más allá de lo que percibimos con los cinco sentidos físicos, nos estamos introduciendo de manera colectiva en el nuevo mundo casi inexplorado de la multidimensionalidad. La física se aproxima cada vez más a las descripciones de la realidad con la que los chamanes y sanadores han trabajado durante tanto tiempo, aquella a la que han accedido los artistas, la que se ha convertido en el ámbito de los creadores guiados por la intuición y la inspiración.

Debemos aprender a usar un nuevo sentido… uno que no esté basado en lo físico. Necesitamos desarrollar la intuición y que nuestra percepción, centrada en el corazón, evolucione, junto con el mundo, más allá del 3D para entrar en la multidimensionalidad.

Nuestra consciencia va a crear la base
de un mundo multidimensional.

Para que este concepto de la tridimensionalidad contra la multidimensionalidad te resulte más claro, imagínate que estás con un amigo. Te habla de algo que ocurre en su vida. Mientras tus oídos oyen las palabras y tus ojos ven a la persona, hay en juego mucho más que la experiencia física que captan tus sentidos. Mientras que tus oídos y ojos oyen y ven que tu amigo se está poniendo sensible (ya sea por felicidad o tristeza), puedes «sentir» también a tu amigo. Tal vez incluso te des cuenta de que tú mismo te sientes feliz o triste como si «reflejaras» sus emociones.

Además, recibes mucha retroalimentación interior mientras tu amigo comparte su historia contigo (cualidades intangibles y multidimensionales que no puedes captar con los cinco sentidos, todo aquello que te dicen tus entrañas o corazón). Por ejemplo, quizás seas consciente de que tu amigo es compasivo, cariñoso y auténtico. O tal vez sientas que no te lo está contando todo porque notas ansiedad o estrés ocultos.

Estas percepciones multidimensionales suelen aparecer en forma de pensamiento o idea. Las «conocemos» sin tener ninguna prueba o indicio tangible.

Reconocer que puedes percibir a los demás en el mundo 3D y en el multidimensional aporta gran valor. Cambia la manera en la que comprendes cómo te percibe el resto. Piensa en algunas situaciones en las que, de manera deliberada, buscar este tipo de retroalimentación proporciona valor, como una entrevista de trabajo, una primera cita o ser padre.

Cuando la retroalimentación que estás recibiendo no se centra sólo en lo que oyes, ves, tocas, hueles y saboreas, sino que también incluye lo que capta tu intuición, consigues una imagen mucho más completa de la persona con la que estás o la situación en la que te encuentras. Seguro que muchos hemos estado en situaciones en las que nuestras entrañas o corazón nos estaban diciendo que huyéramos, que quizás estábamos en peligro, pero no había ninguna razón directa o patente (física) para hacerlo. El indicio estaba «escondido» en las capas sutiles de la multidimensionalidad y lo captamos con la intuición.

¿Podría significar eso que en realidad tenemos otra manera de percibir la realidad...? ¿Como un sexto sentido?

Centrarse en el interior

Para aprender a ser consciente de que todo es multidimensional y de todas las capas sutiles de realidad, debemos averiguar cómo recibir esa información. No eres consciente de las formas sutiles que tiene el universo para comunicarse contigo a menos que estés en sintonía con el espacio en el que está disponible esa comunicación, a menos que accedas al modo perceptivo. Eso significa que debes desviar la conciencia del mundo 3D y físico que te rodea y sumergirte en tu interior.

El mundo exterior y 3D suele ser ruidoso, no sólo por los sonidos, sino también por la transmisión constante de imágenes a la que nos exponemos. Llena por completo nuestros sentidos y llama nuestra atención a todas horas.

Para estar en sintonía con el mundo de la multidimensionalidad y nuestro guía interior, necesitamos dirigir la atención hacia nosotros. Quizás eso signifique que debemos alejarnos físicamente del mundo durante un tiempo para que no nos distraiga. Al centrarnos en nuestro interior, sólo nos fijamos en los pensamientos que nos pasan por la mente, en lo que sentimos y cómo, en las imágenes que aparecen y en todo lo que capta nuestra atención dentro de nosotros. Necesitamos recordar que el modo perceptivo está disponible en cualquier momento y lugar.

Los mensajes de la multidimensionalidad
nos llegan a través de la intuición.

Con el tiempo, quizás accedas a tu interior incluso en el entorno más ruidoso y visualmente estimulante. Entrar en sintonía con tu guía interior e intuición será tu pilar para sobrevivir en este mundo cada vez más multidimensional. Cuanto más permanezcas en el modo perceptivo, incluso mientras interactúas con el 3D, más magia podrás hacer en tu vida.

Cambiar a otros modos de percepción

Para fortalecer esta base, vamos a usar imágenes con las que entrar en el modo perceptivo, que nos permite acceder a la intuición y procesar la información que nos llega. La calma que respalda este modo de percepción se encuentra dentro de ti, diriges tu conciencia y atención hacia el mundo multidimensional de la energía y a la actividad sutil. Experimentamos con eso en el primer capítulo, pero vamos a mejorar y fortalecer esta práctica. Tu consciencia es como la luz de un faro que se extiende por el espacio abierto y fluido de la multidimensionalidad, donde la información que no perciben tus cinco sentidos está disponible. Por lo general, la intuición e imaginación generan una conciencia que te permite percibir el potencial que emerge de la oscuridad de la realidad inexplorada. La intuición es receptividad y la imaginación, creatividad. Juntas revelan talentos que quedan a tu disposición cuando abres tu consciencia a una realidad más amplia.

Puedes entrar en el modo perceptivo cada vez que quieras acceder a la intuición o a tu guía interior para comprenderte o encontrarle sentido al mundo, cuando sientas que necesitas reequilibrarte, cuando te encuentres triste o alterado, cuando te abrume la vida, cuando no puedas pensar con claridad o simplemente cuando desees cierto tiempo a solas. Al utilizar tu intuición de manera deliberada para entender tu experiencia de la realidad, es menos probable que tu percepción se distorsione por las creencias que gobiernan la realidad 3D y el *statu quo*.

Vamos a crear una senda hasta el modo perceptivo para que tu intuición te pueda hablar con claridad y percibas el mundo sin tanta distorsión. Tal vez esto te resulte un poco extraño, pero, dado que la mayor parte de la multidimensionalidad tiene lugar en tu interior, tus sentidos no van a ser de mucha ayuda. Igual que tu cerebro 3D crea sendas neuronales para procesar la información que procede de los cinco sentidos, necesitas crear una ruta hacia el modo perceptivo para procesar la información que procede de tu intuición y tu guía interior.

Entrar en sintonía

La meditación es una potente herramienta que nos ayuda a centrarnos en nuestro interior e ir más allá de la mente consciente, a ralentizar nuestro pensamiento activo y a permitirnos estar en sintonía con lo que ocurre dentro de nosotros. Además, aunque muchas personas experimentan resultados positivos e increíbles tras meditar durante períodos prolongados de tiempo en su día a día, incluso el mínimo esfuerzo por alejarnos del mundo exterior y centrarnos en el interior tiene profundos efectos. Igual que se desarrollan los músculos con la repetición de ciertos movimientos o ejercicios, nuestro cerebro se adapta con rapidez a nuevos comportamientos y hábitos, y forma un novedoso camino neuronal que hace que ralentizar el ritmo sea más fácil y rápido cada vez que ponemos en práctica este proceso. Los científicos utilizan el término «neuroplasticidad» para describir la capacidad de la mente para moldear el cerebro. Quizás llegue un momento en el que sólo cinco minutos te produzcan la sensación de que te has recargado como si te hubieras echado una siesta de veinte. Con el tiempo, tal vez te despiertes con un nuevo cerebro, cortesía de tu propia mente.

Aquí indico cómo puedes entrar en sintonía durante sólo cinco minutos. Lee las instrucciones que aparecen a continuación y llévalas a cabo como te resulten más cómodas. Confía en que sabes de forma natural cómo hacerlo. No importa si no las sigues al pie de la letra, lo que importa es que desvíes tu atención del exterior al interior, que dirijas tu conciencia del mundo físico 3D al mundo de la multidimensionalidad. Así es como creas y mantienes tu camino hacia tu guía interior.

- Asegúrate de adoptar una postura sedente cómoda. Puede ser en el interior o en el exterior, en una silla o en el sofá, en el suelo o en la hierba. No importa, siempre y cuando, al estar sentado, sientas relajación y la incomodidad no te distraiga.

- Cierra los ojos si te resulta más cómodo. Respira hondo. Inspira por la nariz, retén el aire un segundo y expúlsalo por la boca. Hazlo de nuevo: inspira por la nariz, retén el aire y suéltalo por la boca. ¡Aaahhh!

- Ahora, en lugar de mantener tu conciencia tras tus ojos, como si estuvieras intentando mirar a través de los párpados cerrados, vas a profundizar con ella... hasta el corazón. Para hacerlo, visualiza que desciendes por el cuerpo, desde tu cabeza a tu corazón. Así, te trasladas de una experiencia exterior a una interior. Quizás sientas como si bajaras o te adentraras en un sitio, como si hubieras tomado un ascensor hasta tu corazón.

- No te olvides de respirar con calma y lentitud mientras tanto.

- Ahora, mantén tu conciencia centrada en el corazón.

- Imagina que bajas los ojos hacia el centro de tu pecho. Estás observando desde ese espacio. Al hacerlo, estás cambiando tu percepción desde tu mente a tu corazón (a tu intuición, compasión, empatía y comprensión no lineal de la experiencia).

- Permite que aparezcan en este espacio impresiones, imágenes, sonidos o sentimientos. Basta con observar sin juzgar, nombrar o etiquetar (como «¡Estoy teniendo una epifanía!»). Si surge algún pensamiento, percíbelo, pero no te esfuerces en recordarlo o aferrarte a él. Sólo experimenta su percepción.

- Permanece en este lugar mientras te encuentres cómodo.

- Cuando estés preparado, vuelve con lentitud al mundo físico. Fíjate cómo tu corazón late o el aire entra y sale para guiarte en el camino de vuelta.

- Ahora mueve los dedos de las manos y los pies.

- Con lentitud, abre los ojos.

Puedes hacerlo en cualquier momento del día, cada vez que adviertas que necesitas un pequeño descanso, cuando te sientas abrumado o nervioso, o cuando quieras obtener una imagen más completa de lo que está ocurriendo, no sólo a un nivel 3D, sino también desde un punto de vista multidimensional.

Incluso cuando te encuentras en medio de un acontecimiento (trabajo, una cena, una conferencia, una visita familiar o una cita romántica), siempre puedes encontrar unos minutos para excusarte, ir al baño y practicar esta manera de entrar en sintonía contigo mismo y dirigirte al modo perceptivo. Te garantizo que te sentirás distinto después de hacerlo, aunque sólo sea durante unos minutos, y quizás descubras una perspectiva por completo nueva de la situación en la que estabas o de la persona o personas con las que te encontrabas. Con el tiempo, quizás incluso descubras que ya no necesitas retirarte físicamente; lo harás estés donde estés, al instante.

4

TIEMPO:
EL PODER DE LA PERCEPCIÓN

«¿Cómo se hizo tan tarde tan pronto?».

Dr. SEUSS, *escritor*

Del mismo modo que hemos estudiado el concepto de realidad como parte de nuestra base para un nuevo paradigma, vamos a analizar el tiempo como parte fundamental del mundo 3D. Descubriremos que ese tiempo que conocemos sólo sirve en este planeta. En cualquier otro lugar se comporta de manera diferente. En la multidimensionalidad, el tiempo como lo conocemos en 3D ni siquiera existe, lo que hace posible experimentar a la vez el pasado, el presente y el futuro. Descubriremos que no se comporta acorde a las normas 3D o lineales y que nuestra experiencia acerca de él varía dependiendo de nuestro estado de consciencia. Todo esto convierte al tiempo en algo mágico.

Fundamental para el 3D

Desde el principio de este libro hemos comentado que vivimos en un mundo lineal y tridimensional. Pero ¿es así? Cuando decimos que las tres dimensiones se encuentran en

85

la base de nuestro mundo, nos referimos a las tres opciones que se nos presentan al desplazarnos físicamente por el espacio: podemos ir a izquierda o derecha, hacia delante o hacia atrás, y arriba o abajo. Estos movimientos representan las tres dimensiones de anchura, altura y profundidad, a menudo conocidas como x, y, z. Si describimos dónde estamos físicamente, podemos usar estas tres dimensiones para dar una ubicación exacta en longitud, latitud y altitud (suponiendo que nos encontremos en el planeta Tierra). Esta descripción y explicación de la realidad han sido las bases de nuestro mundo tal y como lo hemos conocido durante mucho tiempo (desde que descubrimos que la Tierra no era plana, sino una esfera).

Sin embargo, si aplicamos sólo estas dimensiones a nuestra realidad diaria y contamos con ella para que nos ayude a navegar por nuestra vida de manera eficaz, las cosas pueden resultar un poco más complejas.

Por ejemplo, si vas a tener una cita y aceptas un lugar en el que encontrarte, una ubicación exacta, con las coordenadas adecuadas de longitud, latitud y altitud... ¿es totalmente seguro que vayáis a encontraros tomando sólo como base esa información? ¿O quizás falte un componente esencial? Claro, has concretado el lugar, pero... ¿y el tiempo? Necesitas establecer un momento.

Llegar al punto al que necesitas ir se ha convertido en una actividad simple y fácil gracias al extendido acceso y uso de las aplicaciones de navegación como Google Maps y Waze.

Sin embargo, sin el componente del tiempo, sería imposible fijar una reunión y converger, da igual lo precisas que sean las indicaciones espaciales. Tú y yo podemos aceptar ir a por un *latte* a esa acogedora cafetería de moda de la esquina, pero, si no establecemos una fecha y una hora, es muy probable que no nos encontremos.

Por eso, aunque estamos acostumbrados a etiquetar la Tierra como un lugar tridimensional, es decir, casi todo lo fundamental se puede describir en términos de anchura, altura y profundidad, en realidad no es una descripción precisa: nuestro mundo tal y como lo entendemos se basa en las tres dimensiones... y el tiempo. El tiempo y nuestra relación con él son una parte básica de nuestra realidad.

Se podría decir que el tiempo es la cuarta dimensión de la realidad tridimensional.

De este modo, la realidad (la colectiva) es que vivimos en un mundo cuatridimensional. Las tres dimensiones no son suficientes para describir con precisión el mundo que hemos creado entre todos, y mucho menos para movernos por él. El tiempo es fundamental para nuestro mundo, igual que las tres dimensiones que hemos decidido que forman parte de la base de nuestra realidad.

No obstante, a lo largo de este libro continuaré refiriéndome al mundo como tridimensional. Decido hacerlo porque, aunque estas cuatro dimensiones son inseparables y están interconectadas con nuestra realidad, hay algunas diferencias, porque las tres primeras hacen referencia a indicaciones espaciales absolutas mientras que el tiempo es relativo. Cuando hablo de nuestro mundo tridimensional me refiero sobre todo a sus aspectos lineales, muy conectados con el ámbito físico. El tiempo no se ajusta a esa descripción. Está muy relacionado con el ámbito mágico, como descubriremos pronto…

El tiempo es relativo

El tiempo estructura nuestro ritmo diario: un período para trabajar, para comer, para dormir y para socializar. Aun así, ese concepto ordenado es relativo (como sabemos desde las investigaciones de Albert Einstein), es decir, nuestra percepción del tiempo depende de dónde estamos y qué hacemos. Si interactuamos con alguien al otro lado del planeta, esta persona estará en una zona horaria distinta (medio día o noche antes o después que nosotros), pero seguiremos compartiendo juntos ese momento. Este marco colectivo se ha creado y consensuado. Un día parece acelerarse o ralentizarse dependiendo de si estamos trabajando, de vacaciones o en la consulta del dentista. Quizás los granjeros experimenten el tiempo de una manera distinta a los corredores de bolsa.

Einstein nos mostró que el tiempo, a diferencia de lo que piensan muchas personas, no es constante. Varía dependiendo de dónde te encuentres en el espacio y de lo rápido que te estés moviendo. Cuando estás en la Tierra, el tiempo avanza de manera distinta a cuando vuelas por la galaxia en una nave espacial. Einstein dijo: «Las personas como nosotros, que creemos en la física, saben que la distinción entre el pasado, el presente y el futuro es sólo una ilusión terca y persistente». Igual que la realidad, el tiempo es relativo. Cómo experimentamos el tiempo dependerá de dónde estemos, lo rápido que nos movamos y cómo lo analicemos.

El tiempo pertenece al ámbito de la magia.

La forma en la que hemos construido nuestra realidad colectiva en torno al tiempo sólo se aplica a la Tierra, e incluso aquí cuenta con una constancia objetiva. En algunas partes del mundo, hemos introducido conceptos como «horario de verano» y «horario de invierno», es decir, elegimos adelantar o atrasar el reloj una hora dependiendo de la época del año. Lo hacemos para poder usar mejor la cantidad de luz de cada período de veinticuatro horas. En algunas partes del mundo, la ajustamos, y en otras, no, lo que hace que la diferencia horaria entre esos lugares varíe a lo largo del año.

Piénsalo un segundo: el hecho de que podamos «cambiar» el tiempo y cómo lo percibimos muestra que no es absoluto. Cuando adelantamos o atrasamos una hora, ¿cambiamos en realidad el tiempo? ¿De verdad el Sol sale una hora antes al cambiar el reloj? ¿El capullo que estaba a punto de abrirse revierte o acelera su proceso? ¿Envejecemos una hora o nos volvemos más jóvenes?

No, nada de eso ocurre. Sólo se trata de nuestra relación con el tiempo. Es una construcción social y consecutiva que creó la sociedad para entender mejor la realidad, para determinar cuándo tienen lugar en el universo todas las cosas materiales. Evita que experimentemos las situaciones como si ocurrieran todas a la vez. Y dividimos el tiempo en tres elementos distintos: el pasado, el presente y el futuro. Ésta es una manera lineal y horizontal de considerar el tiempo. Es una suposición que hemos usado para desarrollar, organizar y ordenar nuestra experiencia en el mundo 3D.

Percibir el mundo así tiene gran valor. Al aprender de las lecciones del pasado y aplicarlas a nuestro presente, creamos un futuro mejor. Por lo tanto, nuestra atención se centra sobre todo en alcanzar los objetivos que nos ponemos para dicho futuro. El tiempo horizontal nos empuja a avanzar, siempre con la atención puesta en lo que ocurrirá a continuación, lo que puede mejorar y cómo podemos crecer y evolucionar, siempre impulsados hacia el futuro.

Tiempo vertical

Aun así, ahora que conocemos la noción de que somos seres multidimensionales, debemos considerar una forma distinta de ver el tiempo y explorar el concepto de «tiempo vertical».

Ocurre cuando alcanzamos el ahora con nuestra conciencia: cambiamos al modo perceptivo y nos centramos en lo que está presente en las capas sutiles. No pensamos en el pasado ni en el futuro, sólo en el presente y la enorme riqueza que tiene que ofrecer cuando sabemos percibir los ámbitos sutiles que están en los límites de nuestra conciencia. Encontraremos nuestra conexión con lo divino cada vez que dirijamos nuestra conciencia al tiempo vertical. En esta dimensión de tiempo, podemos experimentar a Dios, al universo, a nuestras almas y a todo lo que escapa a la tridimensionalidad.

Cuando nos centramos en nuestro interior al poner en sintonía nuestros corazones y mentes, empezamos a percatarnos de información que nos llega en forma de pensamientos, sentimientos e imágenes. ¿Qué siente el cuerpo? ¿Notas alguna zona que te duela o que sientas rara? ¿Tu corazón late con más o menos velocidad? ¿Te sientes emotivo? ¿Estás en paz? ¿Feliz? ¿Estresado? ¿Emocionado? Cuando cierras los ojos, ¿aparece en tu mente alguna imagen? ¿O te encuentras en total sintonía con la música que estás escuchando? ¿Cómo es tu respiración? Todas estas preguntas pueden guiarte para que seas consciente de lo que está ocurriendo en tu interior. Te ayudarán a llegar al presente, al tiempo vertical.

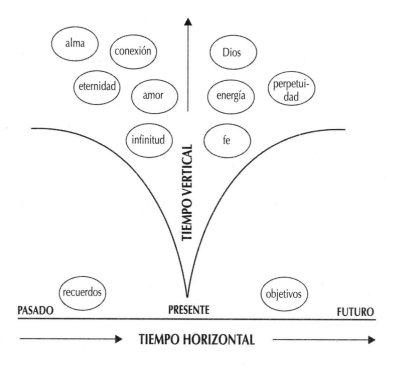

A menudo, el mundo exterior exige, y nosotros aceptamos, tanta atención que no somos siquiera conscientes de todas las cosas que nos intenta comunicar nuestro cuerpo. Y éste es un ancla muy poderosa para traernos al presente. Al ser conscientes de lo que sienten nuestros cuerpos, no podemos estar en ningún otro sitio que no sea el ahora. Cuando nos golpeamos el dedo de un pie contra la esquina de la cama, cuando nos duele el estómago o sufrimos un dolor penetrante de cabeza o cuando nos emociona tanto sujetarle la mano a nuestra pareja que nos late con fuerza el corazón, estamos en el presente, sintiendo lo que nos está ocurriendo en este momento, ahora mismo. No sentimos dolor o placer en el pasado o el futuro. Podemos tener su recuerdo en el pasado o imaginarnos cómo será en el futuro, pero la sensación real, la experiencia, sólo ocurre en el presente. No podemos respirar en ningún otro momento que no sea el ahora.

Ponernos en sintonía con lo que ocurre dentro de nosotros, tanto física como emocionalmente, puede proporcionarnos una poderosa información y retroalimentación sobre cómo estamos, de manera que podamos ajustar nuestra forma de ser y actuar en consonancia. Cuando no estamos en contacto con nuestros cuerpos y emociones, perdemos un sistema increíble de retroalimentación que nos puede respaldar en todo lo que hacemos y en lo que queremos conseguir. En lugar de estar ocupados con lo que ha ocurrido antes o lo que vamos a hacer a continuación, pasamos unos instantes en el tiempo vertical. Puede ser muy relajante, ofrecernos nuevas percepciones y perspectivas y ayudarnos a avanzar en nuestro día a día con mayor tranquilidad y paz interior.

Perdidos en el tiempo

¿Alguna vez te has sentido «perdido en el presente»? ¿Quizás cuando tu pareja y tú os miráis a los ojos o cuando te concentras en tu interior para disfrutar de un momento íntimo con Dios, el universo o lo divino? ¿O cuando estabas creando un cuadro, una escultura, un poema o un ensayo que expusiera tu visión al mundo?

Los segundos se pueden convertir con facilidad en minutos, y éstos, en horas, cuando nuestra atención se aleja del mundo exterior. O puede ocurrir lo contrario: cuando nos perdemos en nuestro interior y vivimos una experiencia intensa y transformadora, descubrimos que lo que parecía una hora en la profundidad de nuestro ser sólo han sido en realidad unos minutos cuando volvemos a emerger al mundo exterior.

Perdernos en el presente hace referencia a la percepción de que el tiempo ya no existe. Cuando entramos en el modo perceptivo entramos en el tiempo vertical. Podemos acceder a este modo a voluntad propia, y está disponible en cualquier momento. No hay necesidad de una conexión fija y limitante con el pasado o el futuro porque siempre tenemos acceso al tiempo vertical en cualquier momento del horizontal.

Estancarnos en el pasado rumiando una experiencia, o centrarnos en el futuro preocupándonos o estresándonos significa que nos dividimos entre el pasado (o futuro) y el presente. Dado que no estamos totalmente en el presente, no podemos acceder al ahora.

Vivir en el «ahora» es fundamental para vivir
en la multidimensionalidad.

Nuestra sensación de plenitud, armonía y paz (interior) en un mundo que percibimos cada vez más multidimensional depende de nuestra capacidad para estar totalmente presentes en el «ahora».

Esa presencialidad en el ahora nos proporciona una base sólida con la que anclarnos a nuestra realidad personal. Es importante porque la multidimensionalidad que satura cada vez más la realidad aporta capas infinitas y complejas de energía sutil. Sería fácil que nos «perdiéramos» en esas capas sin un ancla robusta o un punto de referencia. Nuestro presente o ahora proporciona dicha ancla. Al traer de forma continua nuestra conciencia y atención al presente, nos aseguramos unos fuertes pilares para nuestra realidad física. Experimentamos nuestros cuerpos físicos en esta realidad física y paradójica, y mágicamente nuestro cuerpo es ese ancla con el ahora (una experiencia muy clara de la complementación que forma parte de la realidad multidimensional). Si permitimos que nuestra conciencia se aventure en el campo del potencial infinito sin ninguna mesura, podría ser una experiencia… ilimitada. Sin un ancla, un punto de referencia o unos límites, cualquier cosa sería posible, eterna, perpetua e interminable. Nos perderíamos en la infinitud.

Al aprender cómo dirigir nuestra atención y enfoque hacia el presente, traemos nuestra presencia de nuevo al aquí y al ahora, donde podemos crear la realidad que experimentamos. Nuestros cuerpos son esenciales en este proceso. Por ejemplo, podemos hacerlo al centrarnos en nuestra respiración o en los latidos del corazón y traer así de nuevo la conciencia a nuestro cuerpo físico. Éste es el recipiente 3D que ocupamos en esta vida para aprender a ser seres espirituales (energéticos) en un cuerpo físico. Estamos aquí para servir de puente entre el cielo y la Tierra, para fusionar el mundo tridimensional con la realidad multidimensional. El presente es el punto en el que todo empieza y acaba.

¿El tiempo avanza de verdad más rápido?

Muchas personas sienten que el tiempo se está acelerando. Dicha aceleración puede atribuirse, en parte, a los avances tecnológicos que nos permiten hacer muchas cosas de forma más rápida y eficaz. Basta con hacer más en un período de tiempo más breve. Además, muchos no dejamos de hacer múltiples tareas a la vez. A menudo, eso significa estar literalmente dispersos porque nuestra atención se divide y nuestra consciencia se rompe. En realidad, no hacemos todas las tareas a la vez, sino que pasamos de una actividad a otra muy rápido. La mayoría de las veces perdemos la atención y la energía al cambiar, lo que explica por qué muchas personas se sienten agotadas y exhaustas tras lo que parece un día entero en modo multitarea. Dicho modo a menudo acelera la percepción del tiempo y genera ansiedad. Tomarse un descanso haciendo ejercicio o bebiéndonos una taza de té con la mente por completo centrada en ello no es hacer múltiples tareas a la vez, por lo que supone un cambio deliberado y reconfortante que nos permite entrar en el modo perceptivo.

Otra razón para que el tiempo parezca estar moviéndose más rápido es que muchos de nosotros estamos encontrando la forma de acceder al modo perceptivo, aprendiendo a centrarnos en nosotros mismos y a acceder al mundo de las energías sutiles y la multidimensionalidad. Perderse en el tiempo vertical estando en modo perceptivo puede contribuir en gran medida a nuestra sensación de que el tiempo se acelera en el mundo 3D. Sólo hemos ampliado nuestra gama de posibles experiencias. No sólo nuestro mundo exterior está completo y es ruidoso y complejo, sino que también nuestro mundo interior se está abriendo y nos proporciona experiencias ricas, profundas, esclarecedoras y transformadoras. Fusionar las experiencias exteriores y las interiores en una mezcla armoniosa requiere un nuevo nivel de ser y actuar. Requiere que seamos Merlines modernos, magos contemporáneos, expertos en el arte de la manifestación deliberada al trabajar en el mundo exterior (físico) y en el interior (multidimensional), respaldados por el modo perceptivo mientras avanzamos por la «realidad» 3D.

Composición de nuestras vidas

El «tiempo» conforma gran parte de nuestra vida. Quizás ni siquiera seas consciente de lo mucho que se entrelaza en tu forma de hablar y en la manera en la que compones tu vida. Durante un segundo, piensa en los dichos que usamos a todas horas (sin dobles intenciones) sobre el tiempo: «El tiempo es oro», «El tiempo vuela cuando te diviertes», «El tiempo todo lo sana», «Se me para el tiempo»… Además, de forma inconsciente, hablamos también de nuestra relación con el tiempo. Éstos son sólo algunos ejemplos:

- No tengo tiempo ahora mismo.

- Estoy en ese momento del día/semana/mes.

- Cada vez que voy, me ocurre lo mismo.

- ¡Qué pérdida de tiempo!

- Nunca tengo tiempo suficiente.

Nuestra noción del tiempo a menudo es un reflejo directo de nuestra sensación de escasez o abundancia general. Muchos estamos en un estado constante de falta de tiempo, siempre corriendo de aquí para allá como el Conejo Blanco de *Alicia en el País de las Maravillas*, anunciando que nos quedamos sin tiempo (aunque no sepamos dónde se va dicho tiempo). Sentimos una urgencia constante por hacer más, más rápido y mejor. Parece que nunca «acabamos». Siempre hay algo o alguien que nos espera y nunca es suficiente. Y jamás tenemos bastante tiempo para hacerlo todo. ¿O sí?

Un mundo tridimensional es un mundo lineal en el que las cosas pasan del pasado al presente y de éste al futuro. En este mundo nos centramos en los objetivos, es decir, en algo del futuro que deseamos conseguir, algo que no tenemos ahora mismo. Con esa meta en mente, elegimos una dirección y determinamos un plan de acción sobre el que construimos nuestra vida diaria. Aunque los objetivos son necesarios para avanzar por el camino de nuestras vidas, nuestro crecimiento personal y evolución se determinan y enriquecen con nuestro viaje «interior» cuando estamos presentes por completo en el ahora y el tiempo se presenta de manera vertical. Entonces, podemos visitar las capas sutiles de la realidad, acceder a nuestra conexión con un poder superior y desarrollar nuestra capacidad de interpretar el idioma en el que el universo se comunica con nosotros.

Dedica un momento a explorar tu sensación general del tiempo. ¿Sientes que tienes abundancia o escasez? ¿O siempre tienes lo justo? Mira a tu alrededor. ¿Ahora mismo el mundo parece tener abundancia o falta de tiempo? ¿Ha cambiado con el paso del tiempo?

Meditación y tiempo

¿Qué ocurre con el tiempo y cómo lo percibimos cuando meditamos, cuando captamos nuestra experiencia usando el modo perceptivo? Recuerda que describimos la meditación como una manera de ir más allá de la mente consciente o pensante y de permitir que el cerebro se ralentice. Cuando esto ocurre, nos centramos en el presente, en nuestro interior, y accedemos al ámbito de la multidimensionalidad. No hay tiempo en ella. Hay potencial, energía e infinitud. En la multidimensionalidad, el pasado, el presente y el futuro forman un todo. Sólo en el ámbito 3D están separados por el concepto del tiempo.

Cuando meditamos profundamente y nuestras ondas cerebrales se han ralentizado, estamos en un espacio sin tiempo. ¿Lo has experimentado alguna vez? Incluso en un breve período de tiempo (lineal), podemos experimentar la eternidad. Cuando ya no nos limita nuestro cuerpo o el mundo físico, podemos entrar en el mundo de la multidimensionalidad a través de nuestra consciencia y volvernos infinitos, ilimitados y eternos. Dado que este espacio no es tridimensional, sus leyes no se aplican aquí, haciendo posibles la magia y los milagros. Seguro que has oído muchas historias sobre la remisión espontánea que han experimentado las personas durante y después de entrar en profundos estados meditativos. Sólo ahora empezamos a entender de pasada lo que es posible cuando entramos en los ámbitos de la multidimensionalidad, cuando salimos de las fronteras de las tres dimensiones y el tiempo y permitimos que el potencial se convierta en realidad.

Entrar en sintonía

Antes de entrar en el modo perceptivo, observa o escribe una línea del tiempo horizontal con tres recuerdos de instantes en los que te sentiste conectado a algo más grande que tú. Podría ser un momento en el que estuvieras en la naturaleza y de repente sintieras un vínculo con todo o en el que hayas presenciado el nacimiento de tu hijo, sintiéndote parte de un ciclo de vida que se extiende más allá del tuyo...

Elige el recuerdo del acontecimiento que desprende el sentimiento más intenso y recuerda (o describe) con todos los detalles posibles la sensación que experimentaste. Céntrate en las sensaciones sensoriales, emocionales e intuitivas. Podría ser algo así como «Me sentí lleno de luz», «Captaba hasta el mínimo detalle» u «Oía las cosas con mayor nitidez».

Traslada esa sensación al modo perceptivo y utiliza ese acontecimiento como un punto de anclaje. Imagínate que trabajas hacia arriba y hacia dentro desde ese punto.

Abre tu conciencia a cualquier sentimiento, imagen, sonido o recuerdo que emerja. Percibe cómo todos surgen de un punto de la línea temporal horizontal y están presentes a la vez en el tiempo vertical. Permite que tu conciencia se ensanche y abarque toda esa experiencia.

Si escribes sobre esta experiencia, anota qué se siente al salir del tiempo horizontal y entrar en el vertical. Con la práctica, ¿crees que podrías entrar en el tiempo vertical en cualquier momento mientras experimentas el horizontal?

5

ENERGÍA:
EL PODER DE LA CONSCIENCIA

«Si quieres encontrar los secretos del universo, piensa en términos de energía, frecuencia y vibración».

NIKOLA TESLA

Hemos llegado ya al que puede ser el mayor cambio en nuestro paradigma actual: la aceptación y la comprensión de que todo es energía. Es una frase interesante, ¿verdad? No te preocupes si no la entiendes, o incluso si no crees en ella ahora mismo. Ya llegaremos a ese punto.

Vamos a analizar en qué sentido todo es energía. Todo. Los objetos que te rodean, tú, tu cuerpo, tus pensamientos... incluso las palabras son energía. La mezcla de todo eso crea un campo energético a tu alrededor. Y tú eres el director de toda esa orquesta energética. Sin embargo, en lugar de un ente independiente, eres tan parte de ella como ella de ti.

Newton, Einstein y todo lo cuántico

A principios del siglo XVII, los científicos empezaron a trabajar con la creencia de que la materia pertenecía al ámbito de la ciencia, y todo lo demás, incluidas nuestras mentes, al de la religión. El filósofo y científico Descartes fue incluso más allá cuando dijo «pienso, luego existo» (*cogito ergo sum*). Casi cien años después, Isaac Newton afirmó que todo estaba hecho de materia sólida. En su universo, todo podía calcularse y predecirse. La mente no tenía nada que ver con la materia, y la energía era una fuerza externa. Durante mucho tiempo, así entendíamos el mundo: había una separación total entre energía y materia, alma y cuerpo, mente y cerebro, perceptor y percibido. Entonces, unos doscientos años después de la incursión de Newton en la ciencia de la materia, Albert Einstein llevó esas teorías aún más allá (con la ayuda de la nueva tecnología) y descubrió que el espacio y el tiempo eran relativos, no absolutos. Se dio cuenta de que la energía y la materia estaban relacionadas, otro ejemplo de la complementación que caracteriza a la multidimensionalidad. Si aplicas de manera continua una perspectiva de realidad, descubrirás que la energía se vuelve materia, y ésta, energía. Verás que la materia y la energía son tan dependientes entre sí en una relación complementaria que, de hecho, son una única cosa.

Cuando la tecnología se volvió tan sofisticada como para poder observar el mundo a un nivel subatómico, todo se volvió raro. Los físicos descubrieron que nada es fijo o sólido, sino que, de hecho, todo está compuesto de energía. Y esa energía no se comporta según los principios newtonianos, es decir, de manera lineal y predecible. Descubrieron que en un momento dado la energía se podía manifestar como una onda de probabilidad y al siguiente como una partícula sólida. ¿Y qué determina el comportamiento de la energía? ¡Nosotros! Sí, exacto:

Nuestra atención puede cambiar la manera
en la que se comporta la energía.

Lo que pensamos, allí donde centramos nuestra atención, lo que esperamos, lo que creemos y lo que decimos en voz alta importa (es decir, se puede «volver materia, realidad»). Eso en sí mismo es pura magia, ¿verdad?

Piensa cómo los hechiceros, magos y brujos utilizan palabras y hechizos para que el universo ceda a sus deseos. Entienden, de forma consciente o inconsciente, que todo es energía y, por lo tanto, está conectado. Saben que pueden usar palabras para cambiar la realidad al dirigir la forma en la que la energía se expresa como materia. También entienden que, cuanta más energía dediquen a lo que están haciendo, más potentes serán las capacidades mágicas de manifestación. Si quieres algo de verdad, tendrás que dedicarle toda tu energía. Vas a tener que sentirlo con un deseo inquebrantable en el corazón, una pasión ardiente en tu alma, en cada célula de tu cuerpo y cada fibra de tu ser. Así de completa debe ser tu atención. Y ahí es cuando serás más poderoso.

Cuando atraes tu atención hacia el interior y pasas a un modo perceptivo, experimentas tu realidad en las capas de energía sutil. Puedes hacer coincidir tus deseos, visión y poder creativo para manifestar lo que has intuido como posible e imaginado como real. Después, entras en el ámbito de la multidimensionalidad y el espacio del potencial infinito. Ahí, tu capacidad de percibir las posibilidades te permite elegir lo que será tu realidad. Veamos en detalle cómo funciona.

Todo está compuesto de energía

Todo está compuesto de energía. ¡Todo! El universo entero es un conjunto de ondas y partículas de energía, ni más ni menos. Una forma fácil de entenderlo es pensar en el océano. Es una amplia extensión de agua compuesta por gotas (el equivalente a las partículas), pero hay distintas corrientes y olas en él. Aunque una ola está compuesta por la misma agua del océano, no todo el océano es una ola, ¿no? Así, una ola en el océano está constituida por alguna clase de patrón que la convierte en una ola. Las olas están compuestas de partículas dentro de ese patrón. Lo mismo ocurre con la energía. Toda la energía existe en un extenso océano de partículas y ondas. Y todas ellas se mueven, fluyen e interactúan.

Dado que todo es energía, es fácil entender que todo está conectado. La energía es energía, todo existe en el mismo campo. La única diferencia es la manera en la que se comporta. Veamos cuál es su conducta.

Toda la energía tiene una frecuencia que se mide en ondas. Algunas son rápidas, mientras que otras son lentas, y luego existe todo un espectro entre ambas. En realidad, estamos muy familiarizados con varios tipos de ondas. Seguro que algunos habéis oído hablar de la red wifi, las ondas de radio, los rayos gamma y X, los ultravioleta, los infrarrojos y los de luz visible. Todas estas ondas portan información diferente y se pueden recibir en frecuencias distintas. Igual que tus pensamientos, palabras, emociones, sentimientos y sueños. ¿No es increíble? Todo es energía. ¡Todo!

El campo cuántico

La mínima cantidad de energía se llama *quantum* (en plural, *quanta*). Quizás hayas oído hablar de términos como «física cuántica» o «campo cuántico». Se refieren al estudio de las diminutas partículas subatómicas, el microsistema. Esta física aborda la energía y el espacio en el que ésta existe y se mueve, se une y reorganiza en nuevos patrones y estructuras.

El campo cuántico se puede describir como un campo amplio e invisible de energía que nos rodea y del que formamos parte al mismo tiempo. La física cuántica ofrece una útil analogía para entender cómo nuestros pensamientos, creencias y proyecciones influyen a un macronivel (nuestra vida diaria) en la experiencia que compartimos en el mundo que cocreamos. Los físicos hablan de la «paradoja del observador»: cualquier observación, con independencia de que la lleve a cabo la tecnología o una persona, incluye «errores» en el comportamiento del acontecimiento o sistema que se está observando.

Ser conscientes de lo que aportamos a nuestra experiencia, sea limitante o amplificador, nos permite percibir con mayor precisión lo que es posible, el potencial latente que hay en el macrosistema del mundo a medida que lo experimentamos. Este macrosistema es una expresión constantemente emergente y dinámica del campo cuántico, que presenta plenitud, todas las posibilidades.

Dado que percibimos y respondemos a nuestra experiencia y al mundo a través de los filtros de nuestras creencias, relaciones, sentido de la identidad, necesidades, ambiciones y deseos, introducimos «errores» en lo que observamos (a nosotros mismos, al mundo y a los demás). Con «errores» me refiero a que nuestra percepción es personal y, por lo tanto, subjetiva. Respondemos a nuestras observaciones «plagadas de errores» en lugar de al potencial objetivo de la realidad. Cuanto más conscientes somos de los filtros a través de los que percibimos la realidad, mejor podemos captar las posibilidades que nos ofrece cualquier situación.

El modo en el que respondemos al mundo y a nuestra experiencia (con pensamientos, palabras, acciones, elecciones, creencias evolutivas e identidades) modela la realidad, por lo que siempre cocreamos la macroexperiencia que compartimos con los demás. En el macromundo (nuestra vida diaria), experimentamos una interacción de creencias, ideas, relaciones e identidades (las nuestras y las de los demás) y su manifestación formal.

El mundo de la materia que emerge de la interacción de la energía a un nivel cuántico es nuestra fuente de creatividad en el macronivel. Lo que sentimos, pensamos y queremos moldea la realidad, porque cómo pensamos, sentimos y queremos moldea nuestra percepción y responde a la realidad generada por el campo cuántico. Nuestras respuestas ayudan a determinar qué probabilidades del mundo cuántico se manifiestan en la macroesfera, en nuestra vida diaria.

Funciona más o menos así: todos los pensamientos son patrones de información que se podrían entender de manera metafórica como una vibración. Cada uno de tus pensamientos tiene una vibración específica. Tu idea del color rojo tiene una vibración distinta que tu noción de «gato» o del helado de chocolate que ansías.

Ya hemos establecido que a tu alrededor hay un campo invisible (cuántico), compuesto por completo de energía.

Toda esta energía no tiene forma ni manifestación. Es puro potencial.

Y aquí estás tú, pensando en el color rojo. Este pensamiento es pura energía y tiene la firma vibratoria específica que hace referencia al «rojo». Lanzas este pensamiento al campo (sólo con pensar en ese color) y el campo responde a la vibración de ese pensamiento. El campo presenta una plenitud de posibilidades, es decir, todo el potencial ya está ahí. El potencial de «rojo» ya está ahí, en alguna parte, flotando como una onda de probabilidad, deseando encontrar algo con lo que interactuar para poder manifestarse. Tu pensamiento sobre él va a hacerlo reaccionar. Igual que los imanes se atraen entre sí, tu pensamiento sobre el color rojo va a atraer hacia ti las posibilidades del rojo.

La energía en el campo empezará de manera automática a organizarse en torno a la vibración «rojo» que has enviado. Intentará imitarla.

Quizás descubras que de inmediato hay a tu alrededor una variedad de rojos. De repente, ves muchos vehículos rojos o una flor roja o quedas con un amigo que lleva puesto algo rojo… Tu pensamiento, «rojo», ha causado un efecto rojo en tu vida.

Por supuesto, quizás otras personas también estén pensando en dicho color, y sus pensamientos y sentimientos están atrayendo las posibilidades de «rojo» hacia ellos. Al fin y al cabo, todo es energía, y toda la energía está conectada a través del campo en el que existe. Los pensamientos y sentimientos de todos tienen un impacto en el campo. Están interrelacionados, interconectados y son interdependientes. Lo que hace cada uno de nosotros afecta a la experiencia de todos.

Nuestras capacidades mágicas derivan de la conciencia de las posibilidades que emergen a través de nuestras interacciones con el campo, nosotros mismos y los demás. Dado que las señales más fuertes generan mayor creatividad (capacidad de crear), necesitamos desarrollar nuestra conciencia lo máximo posible, no sólo del potencial del campo, sino también de nuestras creencias, propósitos y poder.

Los iguales se atraen

La ley de la atracción afirma que «los iguales se atraen». Nuestros pensamientos, sentimientos e intenciones están todos compuestos de energía y atraen a personas y circunstancias a nuestra vida que suponen un reflejo vibratorio de esa energía. Creamos experiencias (energía organizada) y cosas (materia organizada) que manifiestan nuestros pensamientos, sentimientos e intenciones. Que seamos conscientes o no depende de nuestra consciencia.

Todo es energía: tú, tus pensamientos, tus palabras e intenciones. La mezcla de todos ellos crea un campo energético a tu alrededor. Es tu burbuja de energía personal y tiene una frecuencia específica. Imagínatelo como una emisora de radio. Todas tienen una frecuencia distinta (por ejemplo, las noticias en la 89.5, las últimas tendencias musicales en la 93.3 y la música country en la 103.7). Debes estar en sintonía con esa frecuencia para escuchar sus programas. Funciona igual con todo lo que es una expresión o manifestación de energía. Todo y todos tienen una frecuencia específica. Al utilizar el modo perceptivo, te centras en tu interior y te abres al mundo de las energías sutiles, con lo que puedes entrar en sintonía con distintas dimensiones de realidad. Puedes compenetrarte con los demás, con su mundo interior y con el mundo entre vosotros. Puedes sintonizar los mensajes del universo. Toda esta información es multidimensional. Como ya hemos visto, podemos activar el modo perceptivo y recibirla. Podemos formar nuestra conciencia para que esté en sintonía con las sutilezas de la multidimensionalidad, igual que al entrenar un músculo. Y de la misma manera que entrenamos ese músculo, la repetición tiene aquí un gran valor. Cuanto más a menudo nos adentremos en el modo perceptivo, mejor podremos percibir las posibilidades que emergen del campo cuántico.

Dado que nuestra realidad colectiva es una expresión de todas las visiones, pensamientos y sentimientos que genera cada uno de nosotros, nuestra capacidad de manifestar lo que imaginamos depende de la fuerza de nuestras señales, las vibraciones que enviamos al campo. Cuanto más tiempo pasemos entrenando en modo perceptivo, mayor será la fuerza de nuestras señales y, por lo tanto, más aumentará la probabilidad de que nuestras visiones se manifiesten en el mundo 3D. Al entrenar en modo perceptivo, nos fortaleceremos como seres multidimensionales. A medida que nos sentimos más cómodos percibiendo las posibilidades multidimensionales del campo y nos volvemos más habilidosos trabajando más allá del ámbito 3D, aumenta nuestra capacidad de cocrear nuestra realidad de manera deliberada y precisa. En esto consiste ser un Merlín moderno.

La energía y tú

Ahora que hemos estudiado la energía desde un punto de vista semicientífico y hemos demostrado qué es posible y cómo (en teoría) hacerlo realidad, introduciremos la idea de que todo es energía en tu vida diaria.

Quizás no seas consciente, pero estamos constantemente intercambiando energía con todo y todos los que nos rodean, durante todo el día e incluso la noche, también cuando soñamos. Estamos compuestos de energía, igual que todos los demás y todo lo que hay a nuestro alrededor. Incluso las palabras, pensamientos, emociones y sueños son energía… Es un gran baile, una implicación e interacción entre energías. La energía fluye desde ti a todo lo que te rodea y viceversa. Tienes una relación constante con tu entorno, y éste (incluidas las personas que hay en él) la tiene contigo.

Personas

Ya hemos visto que tú, tu cuerpo, palabras, pensamientos y sentimientos creáis juntos un campo de energía a tu alrededor. Éste se puede extender varios metros más allá de tu cuerpo físico. Su esencia está compuesta de todas las ideas, emociones, palabras e intenciones que tengas. Cuando tus pensamientos y sentimientos sean felices, tu campo lo reflejará y será también feliz. Cuando estés triste, nervioso o estresado, tu campo lo reflejará igualmente.

Piensa que otras personas tienen sus propios campos de energía que se extienden más allá de sus cuerpos físicos y reflejan sus pensamientos, sentimientos y emociones. Cuando estamos en presencia los unos de los otros, nuestros campos de energía se tocan y se superponen. Cuanto más cerca estemos en el plano físico, más se superpondrán.

Si lo pensamos así, es bastante fácil entender que tomamos energía de los demás. No sólo se superponen nuestros campos, sino que nuestras energías también interactúan y se mezclan. Es como verter pintura roja en un recipiente amarillo. Cuanto más la viertas, remuevas y batas, más se mezclará. Esto suele ocurrir también con las personas. Cuanto más tiempo pasamos en presencia de una persona, más nos entrelazamos con ella y con lo que siente. ¿Alguna vez has estado de buen humor, te has reunido con un amigo que estaba muy deprimido y, tras pasar cierto tiempo con él, te has dado cuenta de que se ha desvanecido tu buen humor?

Por supuesto, también puede ocurrir lo contrario; tu comportamiento alegre y optimista podría levantarle el ánimo a tu amigo y os podríais encontrar haciendo el tonto tras pasar un tiempo juntos. ¿Qué opción es la más probable? Es difícil de saber. No hay reglas sobre este tipo de interacciones e intercambios energéticos. Esto es algo muy multidimensional y, hasta el momento, el ámbito de la multidimensionalidad es mágico y misterioso. Sin embargo, lo más probable es que la persona con la energía más potente tenga mayor impacto. Igual que la cantidad de pintura roja o amarilla determina el resultado de la mezcla de colores, la fuerza y la esencia de vuestra energía establecerá el tono del humor de ambos. En cualquier caso, ser consciente de tu energía y su capacidad para afectar a los demás y viceversa es necesario para sentirte saludable y feliz y para ser creativo. Acceder al modo perceptivo te aporta esa conciencia.

Empáticos

Muchas personas captan con gran facilidad el estado mental y emocional de los demás. Son altamente sensibles al humor de los otros y a su energía. Llamamos «empáticas» a dichas personas, que deriva de la palabra «empatía», que puede describirse como la capacidad para comprender las experiencias y sentimientos del resto. Para seguir con la metáfora del receptor de radio, el de una persona empática es muy sensible y puede captar hasta la más mínima señal. Suele percibir la energía de individuos que se encuentran lejos de su campo o burbuja, por lo que ni siquiera necesita estar cerca de alguien o en su presencia durante mucho tiempo. Basta con pasar junto a ellos en el supermercado. Puede hacerlo de forma consciente, pero a menudo ocurre de manera inconsciente, lo que hace que le resulte un reto estar rodeada de otros, sobre todo en multitudes. Capta la energía de todos y eso la abruma. Con frecuencia no sabe ni siquiera por qué se siente así, y mucho menos qué hacer al respecto.

¿Eres así? ¡Sigue leyendo! Como a estas personas el mundo multidimensional y todas las capas sutiles de energía les resultan de fácil acceso, necesitarán nuevas herramientas para encontrar formas novedosas de ser y actuar. Descubriremos esas herramientas más adelante, a lo largo del libro. Hay métodos fáciles para protegernos y herramientas potentes que podemos usar para limpiar las energías indeseadas. Pueden integrarse con facilidad en nuestra rutina diaria para permanecer equilibrados y felices. En cualquier caso, estas capacidades empáticas se vuelven más fuertes a medida que practicamos en modo perceptivo.

¿No eres así? ¡Sigue leyendo igualmente! Las fuerzas empáticas emergerán con la práctica en modo perceptivo.

Lugares y espacios

¿Alguna vez has entrado en un sitio (un restaurante, tienda o la casa de alguien, por ejemplo) y de inmediato has sentido que algo iba mal? Sin tener ninguna razón clara o concreta, no te has sentido bien allí; querías marcharte lo antes posible. O todo lo contrario: has entrado en casa de alguien y de inmediato has pensado: «Vaya, me encanta este lugar».

A veces encuentras razones obvias que explican por qué te gusta o no un espacio. Pueden ser los muebles, los colores o incluso los olores, pero en otros casos no hay razón detrás de los sentimientos. Estás captando la energía del lugar.

Dado que todo es energía e interaccionas de forma constante con todo y todos a tu alrededor, los espacios interiores como los hogares, oficinas, estudios, restaurantes, hoteles y bares, pero también los exteriores como los campos, playas, montañas, bosques y jardines encierran energía. Suelen reflejar la de las personas que están o han estado allí hace poco tiempo o incluso en el pasado.

Es interesante oír historias de personas sensibles que visitan espacios conocidos por acontecimientos trágicos (a veces incluso en el pasado lejano) y pueden sentir la energía que los refleja. O las muchas experiencias que tienen las personas con los lugares encantados. Dependiendo de nuestra sensibilidad o nuestra conciencia de la energía, podemos captar la energía de los demás, estén o no físicamente allí. Cuando pasamos al modo perceptivo y accedemos a todas las capas sutiles en el tiempo vertical, podemos captar experiencias y acontecimientos del pasado como patrones de energía en el presente.

Nos volvemos conscientes de otra persona cuando se acerca en el plano físico y su campo de energía se superpone al nuestro. Imagínate durante un momento que estás totalmente a oscuras en un sitio, como un armario. Ahora imagina que hay alguien contigo. No puedes verlo porque está muy oscuro. Imagínate que tampoco puedes oírlo, tocarlo ni olerlo. ¿Crees que podrías sentirlo?

Son ejemplos de un mundo multidimensional, cada vez más perceptible. No hay espacio ni tiempo en la multidimensionalidad, por lo que no existe el pasado, presente o futuro, y se puede acceder a todos a la vez. La evolución está empujando a cada vez más personas hacia estas experiencias multidimensionales. Sin embargo, podemos hacerlo de manera intencionada y sentirnos menos inquietos o abrumados por ellas.

Feng shui

El término *feng shui* podría traducirse como «viento-agua». En la cultura china, el viento y el agua se relacionan con la salud y la buena suerte. En Oriente llevan siglos entendiendo que existe un intercambio constante entre la humanidad y lo que nos rodea, y que tenemos la capacidad de producir armonía entre nosotros, el entorno y el mundo natural. Esta comprensión modela la estética, la práctica espiritual y las relaciones (interpersonales y entre personas y el medio).

Este sistema de creencias reconoce que todo es energía, que dicha energía nos rodea y que estamos en constante interacción con ella. La filosofía oriental y la ciencia comienzan con la idea de que no hay un nosotros y un ellos, ni uno ni otro. Existe una dependencia entre ambos en lugar de una oposición. Lo cierto es que hay un «los dos». La realidad emerge entre nosotros y expresa una armonía de diferencias en lugar de un conflicto dualista entre opuestos. Por lo tanto, esto tiene importancia a la hora de formar nuestros hogares y negocios, cómo los construimos, en la dirección en la que lo hacemos, los materiales que usamos, los colores y los pensamientos e intenciones que proyectamos en nuestro entorno.

El arte del *feng shui* es antiguo y muy complejo, con múltiples capas. Los practicantes han pasado años formándose en profundidad. Poseen una intensa comprensión sobre cómo nos entrelazamos con nuestro entorno y lo importante que es construir nuestro mundo físico conforme a los mismos principios de la creación vital. En el centro están los cinco elementos que forman los bloques que componen la vida: tierra, metal, agua, madera y fuego. En el *feng shui*, estos elementos están interrelacionados con facetas de nuestra vida. Por lo general, el *feng shui* busca equilibrar estos cinco elementos en tu hogar y en cada una de las áreas de tu vida (relaciones, carrera profesional, salud, riquezas o crecimiento personal, entre otros).

Sería demasiado adentrarnos en el tema del *feng shui* aquí; va más allá del alcance de este libro y no soy una experta en esta práctica. Para lo que estamos examinando aquí, que todo es energía y que interactuamos de manera constante con nuestro entorno, es suficiente con saber que podemos trabajar con la energía a través de la manera en la que creamos nuestro mundo y de cómo organizamos nuestra realidad material para reflejar la multidimensional. Así, por ejemplo, si no te sientes cómodo en una habitación en concreto, podrías buscar un equilibrio entre el lugar que ocupan los muebles, los colores y los materiales usados. Tal vez tu cuarto necesite más elementos de madera y baste con añadir un objeto para mejorar su energía. Recuerda que en el ámbito de la energía y la multidimensionalidad, las cosas no trabajan de la misma manera lineal que en el mundo 3D. Tamaño, distancia y tiempo son relativos en este caso. Dado que todo es energía, a menudo basta con añadir algo pequeño que mantenga la esencia de un elemento (como la madera) para causar un gran impacto a la sensación general del espacio.

Aunque un practicante de *feng shui* podría ofrecerte percepciones y consejos valiosos, no necesitas ser especialista para realizar pequeñas mejoras en tu espacio. Mira a tu alrededor y obsérvalo unos instantes. ¿Qué sientes? ¿Hay muchas cosas? ¿Está organizado o abarrotado? Muchas veces, cuando despejamos nuestro espacio, sentimos de inmediato una sensación de alivio que sugiere que nuestro entorno tiene una relación directa con nuestra mente. ¿Tu espacio es físicamente agradable para tus ojos? ¿Hay armonía de colores? ¿Tienes un cuadro alegre y bonito en la pared? ¿Muebles cómodos y seductores? ¿Huele bien? ¿Tienes plantas o flores frescas en algún lugar? Ésas son sólo algunas sugerencias. Más adelante nos adentraremos en cómo trabajar con energías y lo que puedes hacer para equilibrar y armonizar tu espacio y alrededores.

Planeta vivo

Igual que todos y cada uno de nosotros tenemos un campo energético a nuestro alrededor, los seres vivos también lo tienen, del mismo modo que nuestro planeta. Vivimos dentro del campo energético de nuestro planeta. Por lo tanto, estamos ligados de forma íntima a su energía. La captamos igual que él capta la nuestra. Un buen ejemplo para ilustrarlo es la obra de Masaru Emoto, quien descubrió nuestra profunda y duradera conexión con el agua. En su investigación, estudió cómo nuestros pensamientos y emociones tenían un efecto calculable en el agua. Publicó varias imágenes de moléculas de agua que cambiaban de forma bajo la influencia de emociones cercanas. Los pensamientos felices y serenos daban lugar a preciosos diseños parecidos a mandalas, mientras que la tristeza y el enfado, a formas distorsionadas.

Cuando implementó estos descubrimientos a experimentos con plantas, el resultado fue sorprendente. Las que estaban expuestas a pensamientos felices florecían, mientras que las que sólo recibían emociones tristes y enojadas se marchitaban.

Piensa qué cantidad de agua conforma nuestro planeta, nuestro entorno más inmediato y a nosotros mismos. Es evidente la profunda interconexión que existe entre nuestro mundo interior y el exterior, y cómo influyen los pensamientos y sentimientos… es decir, se vuelven materia.

Dado que estamos tan profundamente interrelacionados con nuestro planeta, sumergirnos en la belleza y la energía de la naturaleza es una de las herramientas más potentes que tenemos para mantener nuestro equilibrio y recargarnos cuando nos sentimos decaídos.

Seguro que tú mismo lo has experimentado: un simple paseo por el exterior, meter los pies en el mar, oler el suave aroma del jazmín en el aire, escuchar el canto de un pájaro, observar jugar a perros, abrazar a un árbol, comprar un ramo de flores o caminar descalzo por la hierba puede recargarte con rapidez.

Entrar en sintonía

Vamos a hacer algo parecido a la sección «Entrar en sintonía» del tercer capítulo y a ampliar parte de lo que acabamos de aprender en nuestro viaje por el mundo de la energía. Vamos a combinar nuestro proceso de entrar en sintonía con nuestra comprensión de la relación que tenemos con el entorno y a explorar cómo nos respalda.

Es increíble que unos minutos apoyados contra un árbol (con los ojos cerrados para cambiar con facilidad al modo perceptivo) puedan conectarte con el mundo de las energías sutiles y acceder a poderosos campos energéticos que irradian del tronco. Puedes potenciar los efectos de esta experiencia al combinarla con una visualización.

Veamos cómo se hace. Te invito a que leas lo siguiente cuando hayas entendido el objetivo. No te preocupes si no recuerdas todos los detalles o no lo haces exactamente como se describe. Lo que importa en este caso es guiar nuestra conciencia lejos del mundo exterior para poder conectar con la energía del árbol y, a través de él, con la Madre Tierra.

♦ Asegúrate de estar cómodo, ya sea sentado con la espalda contra el árbol o sólo apoyado en él mientras estás de pie.

♦ Cierra los ojos si te hace sentir cómodo. Respira hondo. Inspira por la nariz, mantén el aire un segundo y suéltalo por la boca. Hazlo de nuevo: inspira por la nariz, retén el aire y suéltalo por la boca. ¡Aaahhh!

◆ En lugar de mantener tu conciencia tras los ojos (casi como si intentaras mirar a través de los párpados cerrados), desvíala hacia el árbol. Empieza a notar su tacto bajo tus manos o contra tu espalda, la fuerte sensación que desprende y lo seguro que te sientes al inclinarte contra él. Tal vez seas consciente del viento que mueve sus hojas o los pájaros que cantan en sus ramas.

◆ No te olvides de seguir respirando con lentitud mientras tanto.

◆ Comienza a visualizar que las raíces del árbol se extienden a gran profundidad bajo la superficie, dándole fuerza y estabilidad. Estas raíces lo conectan directamente con la Madre Tierra, donde le proporciona lo que necesita para crecer, como los nutrientes y el agua. Imagínate que el árbol los extrae por las raíces, transportándolos de la tierra a su ser.

◆ Ahora imagina que, a medida que extrae nutrientes de la tierra hacia su interior, también hace lo mismo con la energía. Imagina un flujo constante de luz que procede de la tierra y entra en el árbol y… en ti. Puedes darle el color que desees a esta luz, tal vez un precioso plateado, un blanco radiante o un cálido dorado…

- Mientras te estás inundando de esa preciosa luz, cualquier cosa que desees dejar ir puede salir de ti. Imagínatelo como un flujo de energía distinto que surge de tus pies hacia la tierra, donde esa energía se convertirá en luz.

- Durante todo el tiempo que desees, permanece en este espacio de luz fluyente mientras todo lo indeseado sale de tus pies.

- Cuando estés preparado, vuelve con lentitud al mundo físico. Percátate de cómo te late el corazón o de que el aire entra y sale de tu persona para guiarte en tu camino de vuelta.

- Ahora, mueve los dedos de las manos y los pies.

- Despacio, abre los ojos.

- Dale las gracias en silencio al árbol por ser el receptáculo de tu conexión con la Madre Tierra.

Parte 2
TÚ

6

ALMA:
EL PODER DE LO INFINITO

«Mi alma es de otro lugar, de eso estoy seguro, y tengo intenciones de terminar allí».

RUMI, *poeta*

Ahora que hemos explorado los pilares de nuestra realidad, hemos descubierto que, a diferencia de lo que nos enseñan a la mayoría, gran parte de esa base es relativa. Lo que pensábamos que era sólido (como que todo en el mundo era materia y objetos) o absoluto (como el tiempo) resulta que no es nada de eso. Todo es pura energía. Y no deja de cambiar e interactuar. Nuestra realidad está basada en la energía y nuestra consciencia es la clave. ¡Qué gran descubrimiento con el que continuar nuestra aventura!

A continuación, vamos a estudiar todo lo que tiene que ver contigo. Empezaremos con quién eres realmente, tu «yo» más allá del cuerpo físico, tu «yo» como ser energético. Vamos a explorar la parte de ti que es más grande que tú y más parecida a lo divino. Vamos a examinar cómo esta esencia divina en el centro de tu ser tiene características y cualidades que no se pueden atribuir a la genética, la crianza o la cultura, sino a los distintos programas que conducimos en nuestro subconsciente. ¿Qué te hace tan especial? ¿De dónde procede y cómo te pones en contacto con eso? ¿Cuál es tu magia?

Somos más que...

Vivimos en una época de rápida expansión de la consciencia y empezamos a integrar el concepto de multidimensionalidad en nuestro sistema de creencias. A medida que asimilamos la noción de que somos más grandes de lo que nos permite creer nuestro paradigma actual, aumenta nuestra capacidad para comunicarnos con lugares que están más allá de nuestro mundo 3D y recibir sus consejos. Estamos descubriendo que no sólo somos humanos con una experiencia espiritual, sino también espíritus con una experiencia humana. Somos seres multidimensionales, una sinfonía energética de ondas y partículas que se extiende por un océano de capas de tiempo y dimensiones.

Muchos de nosotros tenemos la sensación nítida de que somos más que el cuerpo físico con el que nacimos. Solemos ser más viejos y sabios en comparación con nuestra edad. A veces, recordamos experiencias, personas o lugares que sabemos que no han formado parte de nuestras vidas actuales y, con frecuencia, nos inunda una pasión inexplicable por cumplir un propósito, marcar la diferencia o dejar huella.

Durante mucho tiempo, lo divino se nos ha presentado como una fuente exterior que a veces se veneraba y otras se temía. Ahora entendemos que todos y cada uno de nosotros es parte de esa divinidad, igual que lo divino es parte de nosotros, lo que se refleja en una profunda interconectividad que caracteriza al universo. Sólo empezamos a ver la punta del *iceberg* sobre lo que es posible, la cantidad de poder que tenemos y toda la magia que está a nuestro alcance energético. Cuando aprendamos a acceder a esta magia en cocreación con lo divino, no tendremos límites, literalmente.

¿Y el alma?

Como el amor, el alma siempre ha fascinado a la humanidad. Algunos la describen como la esencia espiritual de lo humano, lo que está más allá de lo físico. Otros se refieren a ella como lo divino que hay dentro de nosotros, un pequeño fragmento interior de Dios.

Aunque somos mortales como seres físicos, el alma se considera eterna. Muchos creen que la muerte es una simple transición en la que el alma se separa de su receptáculo físico y luego vuelve con un nuevo cuerpo. Aunque la creencia en la reencarnación se encuentra sobre todo en las religiones orientales, la creencia en el alma es bastante universal.

El alma es tan esquiva como misteriosa. Aunque no sintamos duda alguna sobre su existencia, no tenemos forma de determinar qué es en realidad, y mucho menos probar que existe. El alma parece ser parte de nosotros, pero no sabemos con exactitud qué es ni dónde está. ¿Dentro o fuera? A diferencia de las partes físicas y 3D del cuerpo, el alma es multidimensional, está al mismo tiempo en todas partes y en ninguna.

El alma es otro aspecto de nosotros
que procede del ámbito de la magia.

A pesar de todo lo que no sabemos sobre el alma, la mayoría tenemos una sensación intrínseca o intuitiva de ella. La palabra «alma» evoca pensamientos de algo antiguo, profundo y misterioso, algo que somos, pero que a la vez es más grande que nuestro «yo» humano, lo que nos conecta con lo divino. En el contexto religioso, la palabra «alma» se menciona cuando Dios da vida a un hombre. Todos nacemos como almas vivas, no las obtenemos de nuestros padres. El alma es la parte de nosotros que siempre es y será. Es nuestra esencia divina, infinita y eterna. Cuando nuestro cuerpo físico muere, nuestras almas permanecen como parte de lo divino.

Corazón y alma

Todo esto nos lleva a preguntas interesantes. Si tenemos una parte eterna y conectada con lo divino, ¿hay un tipo distinto de consciencia relacionada con nosotros también? ¿Pensamos de forma diferente cuando usamos nuestro cerebro físico y la comprensión 3D de nuestro ser que cuando empleamos nuestra alma y su perspectiva multidimensional? ¿Existe el «yo» y el «yo del alma»?

Seguro que se te ocurren ejemplos de momentos en los que tu mente 3D te estaba pidiendo que hicieras una cosa, pero algo que no era dicha mente te estaba diciendo que hicieras otra. A veces lo atribuimos al corazón, en ocasiones, al alma, y en otros momentos, no sabemos en realidad la diferencia. Tal vez la distinción entre los dos sea que el corazón se describe como la sede de la intuición en el cuerpo físico, mientras que el alma es el vínculo entre nosotros y la divinidad. Aunque ambos son atributos multidimensionales, el corazón pertenece al ámbito físico y el alma completamente al espiritual. Cuando el corazón y el alma están en sintonía y nos adentramos en el tiempo vertical, podríamos decir que estamos en nuestra mente multidimensional. El corazón se encuentra en contacto con todo lo que tiene que ver con esta vida, mientras que el alma aporta experiencias y percepciones de todas las vidas disfrutadas o su experiencia de lo divino como expresión única de esta vida concreta. Juntos, son una fuente poderosa de percepciones y pueden ofrecernos directrices valiosas más allá de las que puede aportarnos la mente.

¿Cómo nos ponemos en contacto con nuestra alma? La respuesta breve es a través del modo perceptivo. La más extensa es que nos ponemos en contacto con el alma al adentrarnos en nuestro interior y conectar con el ámbito de la multidimensionalidad y las energías sutiles. Si el alma es más grande que nuestro ser físico, entonces entrar en el tiempo vertical y permitir que el momento se extienda nos dará acceso al vasto espacio de la multidimensionalidad… y a una experiencia de nosotros mismos como almas.

Almas antiguas

Cuando hablamos de «almas antiguas», solemos referirnos a personas que parecen haber nacido con cualidades superiores a su edad y que van más allá de las aprendidas en esta vida. A menudo son más maduras y sabias de lo que marca por lógica su edad cronológica, o exhiben ciertas características o talentos que no se pueden explicar tomando como base su edad y experiencia. Las almas antiguas que destacan en especial son los niños, porque el contraste entre ellos y sus compañeros es innegable y profundo. Seguro que has oído o visto ejemplos de niños prodigio que tocaban el piano como Mozart, pintaban como Rembrandt o resolvían puzles matemáticos que dejaban atónita a la mente «normal». No existe ninguna explicación lógica para su maestría, ya que excede con mucho lo que debería ser posible dado el corto número de años que han tenido para desarrollar sus habilidades. Entonces, no nos queda otra opción que aceptar la idea de que han nacido con ellas. Sin embargo, ¿cómo es posible? ¿Y qué significa eso?

Aunque muchos creen que lo divino otorga a cada alma una sola vida humana para expresar los dones y cualidades con los que la ha dotado, otros piensan que el alma contiene la experiencia de muchas vidas. Ambos son escenarios válidos para reconocer que todos expresamos una energía o alma única y cada uno de nosotros tiene su origen en la Fuente, a la que las personas hacen referencia con distintos nombres (Dios, lo divino, universo, lo sagrado, espíritu…). Para aquellos que creen en la reencarnación, un alma antigua ha estado aquí muchas veces; ha vivido, amado y aprendido a lo largo de cada vida y ha trasladado esa experiencia a la siguiente. Tiene mayor acceso a la suma de todo lo que ha experimentado como humano: a todas las personas a las que ha amado y temido, las habilidades que ha dominado, las lecciones que ha aprendido y la forma en la que ha vivido y muerto. No olvida nada. Todo se guarda y se lleva en la parte eterna a la que nos referimos como alma.

La «edad» de un alma antigua se suele reflejar en la forma en la que se muestran en la vida y cómo se comportan: con más calma, equilibrio, contemplación y reflexión, es más difícil agitarlas, no reaccionan, no juzgan y muy a menudo cuentan con una visión clara y se dejan guiar por lo que desean conseguir y el lugar al que quieren dirigir su vida. En general, muchas veces tienen una actitud de «he estado ahí y ya lo he hecho» y «soy más listo que eso». ¿Alguna vez has conocido a alguien que pareciera un alma antigua? ¿Qué te hizo pensar eso? ¿Fue por algo en su actitud? ¿Lo miraste a los ojos? Los ojos se consideran el espejo del alma y pueden revelar la profundidad y las capas de nuestra consciencia y presencia. Las almas antiguas suelen tener unos ojos cautivadores que parecen poseer una profundidad y una claridad infinitas. Sería fácil perderse en ellos o descansar en su mirada serena y compasiva.

Siempre he pensado que tiene sentido de una manera hermosa la idea de que no seamos sólo humanos en una aventura temporal para esta vida, de que no todo acabe con la muerte de nuestro cuerpo físico tridimensional, de que una parte de nosotros sea multidimensional y eterna, un cocreador con la Fuente Creativa. A medida que evolucionamos y aprendemos a lo largo de nuestra vida, las experiencias se vuelven parte del «yo» multidimensional del alma y se portan en la siguiente visita al mundo 3D o nos acompañan mientras hacemos la transición hacia la próxima etapa de la vida, la que se extiende más allá de la muerte física. Es parte de nuestra magia. Somos una mezcla de energías de muchas formas distintas. Algunas son sólidas y temporales, como el cuerpo, y otras sutiles, multidimensionales y eternas, como el alma.

Nuestra consciencia es el puente
entre dimensiones.

Al aprender a dirigir nuestra atención, podemos averiguar cómo entrar en sintonía con cada parte energética de nuestro ser: la física, la emocional y la espiritual. Un alma antigua tiene el potencial de acceder a una información, herramientas, habilidades y experiencias vitales valiosas que pueden apoyarla y servirle a medida que avanza la vida.

Almas gemelas

La mayoría de las personas desean sentir un amor profundo, que otro ser humano las escuche y comprenda. La idea de que hay alguien ahí fuera que casi de manera inherente se siente así con nosotros es una fuente de inspiración, esperanza y fuerza. Alimenta innumerables historias y cuentos sobre el amor a primera vista y el «felices para siempre», que parece ser un resultado fácil para los dos amantes que estaban destinados a encontrarse. Son almas gemelas.

¿Qué es exactamente un alma gemela? La explicación más sencilla es que un alma gemela es alguien cuya alma está conectada con la nuestra.

¿Cómo ha ocurrido tal cosa? Exploramos la idea de que nuestras almas son un pequeño fragmento de lo divino, por lo que podemos imaginarnos que todas nacen de él. Igual que los gemelos comparten gran cantidad de características porque nacieron de los mismos padres, en el mismo momento y lugar, en idénticas circunstancias, compartiendo el mismo ADN, las almas gemelas son esas almas que nacieron de lo divino en el mismo «momento universal» y comparten todas las cualidades energéticas y vibratorias que se conectan a ese momento. Se podría decir que las almas gemelas tienen, en esencia, la misma frecuencia vibratoria. Por eso, a menudo se sienten atraídas las unas por las otras al instante. Sus vibraciones son tan similares que se atraen como imanes.

Sabemos que los gemelos suelen estar conectados en un sentido que va más allá de lo que puede explicarse por su similitud biológica. Esto también ocurre con las almas gemelas. Comparten similitudes espirituales y energéticas que los conectan de manera multidimensional. Dado que comparten esta similitud exclusiva a nivel energético, suelen entenderse sin esfuerzo y captar la energía el uno del otro a grandes distancias (recuerda que en la multidimensionalidad no existe ni el espacio ni el tiempo). Cuando se encuentran, se «entienden». Debido a que esta conexión es tan natural, tienen un tremendo potencial para apoyar el crecimiento y la evolución del otro. De forma natural, imitan y reflejan al otro a un nivel que a las almas «no gemelas» les cuesta mucho esfuerzo alcanzar. Por eso, las almas gemelas suelen volver a encontrarse a lo largo de muchas vidas, ya que pueden apoyarse en sus viajes vitales mejor que cualquier otra persona.

Algunos creen que tenemos muchas almas gemelas, y otros que sólo hay una. Personalmente, siento que la idea de múltiples almas gemelas tiene un sentido muy bonito. Me imagino que una varita mágica toca el momento vibratorio perfecto en la Fuente y ocurre el nacimiento de multitud de nuevas almas. Todas estallan en ese instante en una nube de polvo de alma brillante y reluciente. Dado que se originan en el mismo momento, son en esencia iguales, contienen vibraciones similares que siempre llevan en su interior, con independencia de la forma humana física que adopten. Este grupo de almas es nuestro apoyo personal, que aparece en nuestras vidas para ayudarnos a continuar en nuestro viaje. Es como nuestra propia «familia» de ángeles terrestres, que están ahí, en sus cuerpos físicos para caminar con nosotros. Reconocernos cuando nos encontramos depende de nuestros estados individuales de consciencia en ese momento. Cuanto más conscientes somos, más accedemos a nuestros poderes mágicos y más fácil será reconocer las similitudes vibratorias divinas en otra persona.

Vivimos más años que nunca, por lo que muchos tenemos varias relaciones significativas en distintas etapas de nuestra vida. Además, nuestra consciencia se está ampliando y nuestra comprensión de la esencia multidimensional de los seres humanos y las almas no deja de crecer. Una multitud de almas gemelas, románticas o de otro tipo, parece no ser sólo deseable, sino lo lógico en el trayecto evolutivo de un alma en un cuerpo humano.

Almas gemelas y amor

No todas las almas gemelas serán pareja. Algunas serán amigos o familiares. Y no todas ellas nos acompañarán durante toda la vida. A veces, necesitamos que un alma gemela aparezca en nuestra vida en cierto momento para que pasemos a la siguiente fase. Cuando se ha acabado la transformación, se marchan porque su «misión» se ha cumplido. No obstante, a menudo las almas gemelas se encuentran y permanecen en la vida de la otra durante un período prolongado de tiempo o durante una vida entera en forma de pareja, padre, hermano, otro familiar o amigo.

Lo más probable es que la relación más deseada e idealizada de almas gemelas sea la de una pareja, ya que creemos que podría ser nuestro «verdadero amor». Cuando las almas gemelas son pareja, la relación suele caracterizarse por un profundo amor y conexión, una fuente para la transformación y el desarrollo personales y constantes. Como almas gemelas con la misma frecuencia vibratoria en su interior, la conexión no suele necesitar esfuerzo alguno y da la sensación de «estar en casa». No se necesitan juegos ni secretos porque nuestras almas gemelas pueden ver nuestra luz y oscuridad. Eso no significa que estas relaciones no encuentren desafíos. Al contrario, más que las demás. Las almas gemelas son espejos en las que nos reflejamos y, por lo tanto, contribuyen a nuestra evolución personal como ninguna otra.

Entrar en sintonía

Respira hondo y entra en modo perceptivo. Date permiso para soltar todo lo relacionado con tu día, semana, obligaciones, responsabilidades e incluso tu nombre y la personalidad con la que te conocen.

Siéntate en este espacio vacío que emerge cuando te liberas de todo eso. Observa lo que aparece. ¿Colores? ¿Sonidos? ¿Imágenes? ¿Un lugar? ¿Un recuerdo? ¿Una sensación de conexión? ¿Nada?

Utiliza como espejo lo que surja en este espacio. ¿Qué te dice sobre quién eres? Observa tus sentimientos mientras estás en este espacio. ¿Cómo te encuentras? Cuando sientas que has entendido este espacio, dirige tu conciencia de nuevo al cuerpo y al mundo físico.

En el diario, escribe lo que has sentido al liberarte y estar en ese espacio vacío. Anota lo que has comprendido sobre ti mismo como alma mientras permanecías ahí sentado.

7

PROPÓSITO:
EL PODER DE LA VISIÓN

«El objetivo no está siempre destinado a ser alcanzado, a menudo sirve simplemente como una meta a la cual apuntar».

BRUCE LEE, *actor*

Ahora tenemos una idea más amplia de nuestra realidad y de quiénes somos. No sólo hemos aprendido que el mundo que creíamos físico en realidad es energía y vibraciones, sino que incluso hemos descubierto que somos mucho más que cuerpos físicos. Somos seres vibratorios multidimensionales con una profunda conexión y vínculo, en cocreación con algo mucho más grande, lo divino o la Fuente Creativa. Todos portamos un pequeño fragmento de esta Fuente dentro de nosotros que es, a la vez, una parte exclusivamente nuestra y una parte de lo divino: el alma. Nuestra magia procede del vínculo con esa Fuente Creativa. La física cuántica ofrece una analogía útil para entender la profundidad de nuestra conexión con la Fuente. El «entrelazamiento cuántico» hace referencia a un par o grupo de partículas subatómicas que interactúan entre sí de forma que ninguna partícula individual se puede describir como independiente del resto. Es como un baile con una profunda interdependencia. Convierte el entrelazamiento en algo más que una simple conexión, como si hubiera un elemento de fusión e interacción asociado a él. Cuando nos vinculamos con la Fuente, ya no podemos separarnos de ella, ni ésta, de nosotros. Cuanto más fuerte sea la conexión entre nosotros y esta Fuente Creativa, más poderosas serán nuestras habilidades para crear y hacer magia.

Vivir, amar, importar

Somos las únicas especies de la Tierra que se cuestionan la razón de que estemos aquí, en un cuerpo, vivos. Buscamos significado y propósito, una conexión con el todo, un lugar en el universo. La mayoría de los seres humanos cuenta con alguna clase de poder superior al que venerar, pedir directrices y convertir en el centro de su vida. Casi todos, sea cual sea su cultura y religión, creen que el alma es eterna e infinita, con independencia de que se exprese a través de múltiples reencarnaciones o de un único «yo» que pasa a una vida eterna.

Igual que el universo siempre está moviéndose, cambiando, expandiéndose, contrayéndose, empujando y tirando, en la naturaleza nada deja de cambiar y pasar de un estado al siguiente. No existe tal cosa como un *statu quo* inmóvil. La vida consiste en cambio y movimiento, muerte y renacimiento. Lo que nos diferencia a los humanos del resto de especies que sigue estos mismos ciclos es nuestra consciencia. Dicha consciencia da lugar a la autoconciencia, y ésta inspira el crecimiento y el desarrollo personales. No sólo nos preocupa la supervivencia a nivel físico (procreación, alimentación, seguridad); queremos mejorar y perfeccionar nuestro mundo. Tenemos un impulso innato que nos empuja hacia delante para que el siguiente instante sea «mejor» o más extenso que el anterior. Queremos aprovechar que no existe un *statu quo* inalterable, convertirnos de forma deliberada en un mejor «nosotros». La mayoría desea encontrar un propósito mayor en su vida, la sensación de contribuir a un todo, la conciencia del crecimiento y la evolución personales. Soñamos con el futuro, con las cosas que deseamos crear. Establecemos objetivos, nos obligamos a ser mejores, a actuar mejor, a marcar la diferencia y a dejar huella.

La vida es más que sobrevivir al día a día. Deseamos vivir. Deseamos querer. Deseamos importar.

Nuestra culminación procede de nuestros
logros, contribuciones y crecimiento.

Escuela de vida

En el último capítulo, exploramos el concepto de que, aunque nuestro cuerpo físico es mortal, todos tenemos una parte más extensa, infinita y eterna, el alma. También estudiamos la idea de que el alma une nuestra vida a la Tierra. Seguimos renaciendo con la misma alma, pero con distintos cuerpos físicos. Cuantas más veces regresamos, más experiencia tenemos como «seres humanos». Las almas antiguas son aquellas que han vivido muchas vidas. Sin embargo, supongo que te preguntarás: «¿Qué nos empuja a volver y continuar nuestro camino?». Debe haber algo tan emocionante y satisfactorio que nos anima a regresar y hacerlo todo de nuevo. Estamos aquí con el deseo espiritual de aprender.

¿Y si todo esto, es decir, la Tierra, es como una escuela de vida, una oportunidad para que el alma experimente lo que se siente al vivir como una consciencia energética en una forma corporal, el cuerpo físico, y al relacionarse y cocrear con los demás y lo divino? Podemos imaginarnos que la vida de un alma en un cuerpo humano estará llena de nuevas experiencias, misterios y sorpresas. Hay mucho que aprender y descubrir, todo es nuevo y emocionante. Da igual si creemos o no en la reencarnación, si llegamos o no a la Tierra por primera y única vez o con la experiencia de otra vida. En cualquier caso, el recuerdo de nuestro origen en lo divino y, si nuestro sistema de creencias incluye vidas pasadas, nuestras experiencias de la última vez se guardan en algún lugar de las capas de nuestro ser energético, nuestra alma. El grado en el que podamos acceder a los tesoros de información, experiencias, herramientas y habilidades que se guardan en esas capas dependerá de nuestro nivel de consciencia. De un modo precioso y multidimensional, lo opuesto también es cierto: nuestro nivel de consciencia dependerá de lo mucho que accedamos a la experiencia, a las herramientas y las habilidades que guardamos en las capas sutiles de nuestro ser (el alma).

La vida consiste en explorar, descubrir y aprender a través de relaciones y experiencias que nos ayudan a crecer y evolucionar. Además, cuanto más lo hacemos, mejores nos volvemos. Ocurre lo mismo que en el colegio, donde cada curso nos ayuda a ampliar nuestro nivel de habilidades y conocimiento y nos permite pasar al siguiente. Lo mismo sucede con las almas: cada vida fortalece el recuerdo de nuestro origen en lo divino y el nivel de experiencia se amplía y nos permite pasar al siguiente nivel de conciencia. A diferencia de las escuelas «normales», la de la vida no acaba nunca. Cuando nuestro cuerpo físico muere al final de nuestra vida y pasamos a la siguiente etapa del ser, podemos volver con una nueva forma física, con la riqueza de todas las experiencias de nuestras vidas pasadas encerradas en nuestro ser, si nuestro sistema de creencias lo convierte en una realidad disponible. Si dicho sistema no incluye la reencarnación, entenderemos nuestra transición como un regreso trascendental al ámbito espiritual del que emergimos, donde estamos más cerca y en relación más inmediata con lo divino que nos otorga nuestra vida humana.

Cuanto más desarrollemos nuestras
habilidades para acceder a las capas sutiles,
más despiertos nos sentiremos.

Desde mi punto de vista, nos reencarnamos a lo largo de varios ciclos para continuar nuestra evolución como seres espirituales, y aquellos cuyo sistema de creencias no incluyen la reencarnación no buscan recordar vidas pasadas. Recordarlas requiere una conciencia atenta, por lo que quienes no creen en ellas no las recordarán, aunque tengan acceso a la información y habilidades adquiridas en vidas pasadas si su intuición lo permite. El ciclo de vida no es, por lo tanto, un círculo, sino una espiral (incluso para aquellos que no son conscientes de la reencarnación), donde cada vez que volvemos o nos sometemos a una transición empezamos en el siguiente nivel. Nuestra madurez está determinada por nuestra experiencia vital, y muchas experiencias vitales convierten al alma en antigua (dichas experiencias se acumulan en varias vidas humanas o en una sola). Dado que algunas almas eligen la reencarnación humana por primera vez mientras que otras prefieren regresar tras múltiples encarnaciones humanas, almas más jóvenes interactúan con las antiguas que han adquirido su profundidad tras muchos giros de la espiral.

El modelo de escuela de vida se basa en una relación entrelazada y multidimensional entre almas, humanos, la Tierra y lo divino, que cocrean juntos. El único propósito de la escuela es aprender a colaborar en armonía. Como todo es energía, todo está conectado o interrelacionado. Contribuimos al desarrollo de nuestra vida, igual que en las de los demás y en el todo. El efecto mariposa nos recuerda que algo tan pequeño como el batir de alas de una mariposa puede desencadenar una serie de acontecimientos que influyen en un tornado al otro lado del mundo. De igual manera, nuestra forma de ser y actuar tiene un efecto en el todo. Esto significa que lo que hagamos con nuestra vida tendrá un impacto en el mundo. Ésa es la magia de la vida y la base de la magia que hay en nosotros.

¿Qué quieres ser cuando seas mayor?

Desde muy pequeños, nos preguntamos qué queremos hacer con nuestra vida. Aunque la respuesta está influida por la cultura, es decir, nuestro entorno tiene una gran influencia en la dirección hacia la que aspiramos dirigir nuestra vida, el impulso para alcanzar un objetivo y marcar la diferencia puede ir mucho más allá. Por ejemplo, si tu padre es bombero y su padre también lo fue, hay muchas más posibilidades de que tú lo seas que alguien que no tiene ese historial familiar. Si tus padres fueron a la universidad, es muy probable que tú también vayas. Lo mismo ocurre al revés: si ninguno de tus padres fue a la universidad, es menos probable que sea una opción «automática» para ti. Los logros de nuestros padres y las aspiraciones que tienen para nosotros influyen en gran medida en las opciones que consideramos. Aun así, nuestros sueños de la infancia sobre lo que queremos ser a menudo toman como influencia a los héroes y el deseo de salvar el mundo, rescatar a la damisela en apuros, mejorar las cosas y dejar huella. Parece que tenemos un impulso innato por ser mejores y contribuir con el colectivo al mismo tiempo. Deseamos marcar la diferencia.

Nuestra visión es fundamental para crear
la realidad que deseamos.

Algunas personas saben exactamente qué quieren ser o lo que desean conseguir. Quieren trabajar como abogados, profesores o jugadores de fútbol profesional. Quizás tengan un claro objetivo físico definido para sus vidas, como «vivir en una enorme casa blanca en Hawái» o «tener diez millones de dólares en el banco», o podría ser algún destino conceptual o espiritual, como «vivir una vida significativa

que se base en una relación profunda, guiada por el amor»
o «crear un mundo libre de cáncer».

Ahora mismo, dedica unos instantes a reflexionar sobre
lo que quieres conseguir. ¿Alguna vez lo has pensado? ¿Tienes
un objetivo específico? ¿Sabes en qué dirección quieres
dirigir tu vida? ¿Cuál es tu visión?

Tal vez no tengas una visión u objetivo claro en tu vida
(todavía), pero lo más probable es que ya trabajes con una
visión e intención a un nivel inferior en tu día a día. Estableces
una intención, un objetivo o un destino, aunque
sea sólo para ese día. Podría ser cortar el césped, limpiar la
nevera, llamar a tu madre, pagar una factura, terminar un
proyecto, pasar tiempo con tus hijos o ir al gimnasio. La
mayoría establecemos de forma constante muchos pequeños
objetivos para seguir avanzando en nuestro día a día
con la sensación de éxito. Creamos diaria, semanal, mensual,
anual y vitalmente objetivos de esa manera. Es nuestra
forma de seguir avanzando y expandirnos tanto nosotros
mismos como nuestras vidas hacia el siguiente nivel. Al establecer
una intención y anunciar con total claridad lo que
queremos conseguir y cuándo, es mucho más fácil centrarnos
en nuestras acciones respecto a ese objetivo. Además,
es mucho más sencillo que el universo nos apoye en esas
metas cuando mostramos una intención clara.

La magia de la visión

Vimos en el segundo capítulo, «Magia: el poder de las creencias»,
lo importante que es para un mago tener una convicción
y visión inquebrantables sobre lo que queremos
crear. Para ser un poderoso hechicero que pueda modificar

la realidad actual para crear la deseada, no puede existir duda o distracción alguna, nada que aleje de su magia la concentración y la energía del mago. Cuanto más centres tu atención, más poderosa será tu magia.

De igual manera, tu visión, sea grande o pequeña, a corto o largo plazo, va a determinar en qué centras tu atención. Allí donde la centres será el lugar al que dirijas la energía y crearás más de aquello a lo que la dirijas. Es la ley de la atracción, que afirma que los iguales se atraen. ¿Recuerdas que descubrimos que tu atención puede cambiar la manera en la que se comporta la energía? El campo del potencial infinito no puede responder de ninguna otra manera que no sea alineándose con la energía intensa y atenta que envías hacia su interior. Eres responsable de alinearte con el campo, dado que es lo que es, una fuente ilimitada y dinámica de posibilidades. Cuanto más claro sea el objetivo o visión, más fácil será alinear tu realidad para conseguir apoyo de ella. Cuando encarnas totalmente tu visión y te comunicas con ella para expresarla con claridad y en total concordancia con lo que crees que es verdad, las posibilidades se vuelven infinitas.

En la conciencia multidimensional, reconocemos que hay múltiples caminos hacia cualquier lugar. En otras palabras, siempre hay más de una vía para alcanzar un resultado concreto.

Si tu objetivo es vivir en una enorme casa blanca en Hawái, hay numerosas maneras de conseguir que ocurra. Trabajar para comprarla es una, e incluso dentro de esa opción existen muchas posibilidades, o puedes heredarla, ganarla, construirla o casarte con alguien que ya la tenga. La cuestión es que es más importante tener claro el resultado deseado (el «qué») que las acciones exactas que se deben llevar a cabo (el «cómo»). El campo del potencial infinito contiene en su interior precisamente eso, un potencial ilimitado que no logramos entender o captar por completo. Nuestro papel es aclarar nuestra visión y fortalecer nuestra percepción para reconocer y actuar conforme a las posibilidades que genera. El modo perceptivo es la herramienta más potente que tenemos para alcanzar la vida que visualizamos.

Nuestra misión es mostrar toda la intención posible a la hora de centrar la energía en el resultado. El campo nos proporcionará los medios para llegar hasta él. A menudo, la conclusión se desarrolla de una forma que nunca podríamos haber imaginado. Ésa es la verdadera magia de vivir en un universo multidimensional: influimos en nuestra realidad a través de nuestra consciencia, nuestra intención y energía, aunque el camino para llegar allí puede estar oculto o ser desconocido, misterioso e inesperado. Quizás cambie incluso a medida que avanzamos a través de él.

Nuestra tarea principal es mantener nuestra conciencia para percibir la senda que se abre ante nosotros. Para eso, necesitamos entrar en el modo perceptivo con el que reconocer las posibilidades que se nos presentan en todo momento. En ocasiones, lo que parece un obstáculo en el camino es el propio camino. El destino también puede cambiar a medida que crecemos. Un destino concreto y específico puede inspirarnos a partir, pero la brújula de nuestro camino es la energía que queremos crear o experimentar en nuestras vidas. En el ejemplo anterior sobre la visión de vivir en una enorme casa blanca en Hawái, quizás partamos con la intención de conseguirlo, pero descubramos por el camino que lo que en realidad deseamos es la sensación de sentirnos en casa en un lugar que nos inspire y reconforte.

La visión personal que definí hace tiempo es la siguiente: colaborar con otros líderes poderosos, conscientes y cariñosos que apoyen la transformación, la conciencia y la amabilidad en un mundo en el que se está despertando la comprensión de la realidad multidimensional.

Ten en cuenta que se acerca más al aroma de la experiencia y la energía que deseo tener que a un destino específico u objetivo material. También tiene que ver con mi deseo de contribuir. Mi propósito superior es que estoy aquí para servir de puente entre el mundo espiritual y el de la materia. Soy un conducto, una narradora de historias... y mi idioma va más allá de las palabras. Soy una iluminadora que está aquí para acercar a la luz lo que está escondido en la oscuridad, misterioso y desconocido, de manera que se pueda ver y entender.

Estar en consonancia vibratoria con tus deseos

Para avanzar en la vida en dirección a nuestra visión, necesitamos reconocer cuándo esa visión se corresponde con nuestro propósito. También debemos cambiar al modo perceptivo para captar las posibilidades que se abren a nuestro alrededor y alinear nuestra expresión vibratoria con nuestra visión.

Al estar en consonancia vibratoria con lo que queremos crear o tener, vibramos con una intención y visión claras. Entonces, estamos más capacitados para alinearnos con el universo y percibir lo que puede expresar, dada su creatividad y potencial ilimitados. Reconoceremos circunstancias y personas como oportunidades, catalizadores y cocreadores que nos permitirán cumplir nuestra visión. Si no tenemos claros nuestros sueños o dudamos de que el universo tenga ganas de colaborar, no lograremos alinearnos ni establecer una vibración que nos respalde totalmente. Eso no cancela nuestro progreso hasta el momento, sólo alarga el camino hacia nuestro sueño, que quizás sea justo lo que necesitemos para desarrollarnos. Lo importante es el proceso o el viaje, ésa es la energía principal. El resultado, la manifestación de esa energía, es secundario. Céntrate en disfrutar del proceso y permanece alerta sobre lo que ofrece para llegar así a tu objetivo de una manera que se adapte a tus verdaderas intenciones.

Eso significa que tienes que ser consciente de tus palabras, pensamientos e intenciones. Pregúntate si tu estado mental y acciones se alinean con la visión que tienes para tu futuro.

Sé que a muchos nos han enseñado a no fantasear y a aceptar lo que ocurre en el «mundo real». Mi sugerencia es que, en un ámbito complementario, fantasear equilibra la clase de pensamiento lógico a la que se refieren las personas cuando dicen: «presta atención». Las fantasías, otra palabra para visualización, son una herramienta poderosa para hacer saber al universo lo que deseamos. Tener claro lo que queremos (viéndolo, oyéndolo, saboreándolo y tocándolo en nuestra imaginación) es la forma de manifestarlo. Cuando nos imaginamos experimentándolo antes incluso de que se manifieste, le estaremos comunicando al universo que eso es lo que queremos.

Si podemos soñarlo, podemos crearlo. Nuestro trabajo es mantener la vibración del sueño y permitir que el universo lo convierta en una realidad a nuestro alrededor que esté alineada con ese sueño.

Entrar en sintonía

Sigue tu respiración para entrar en el modo perceptivo y piensa en un momento o una época de tu vida en el que fueras increíblemente feliz, estuvieras animado y te sintieras realizado. Todo iba bien y no creías que la vida pudiera ir mejor. Tal vez era el mejor día de tu vida o el momento más increíble que habías vivido.

¿Dónde estás? ¿Con quién? ¿Qué haces? ¿Qué lo hace tan maravilloso? ¿Qué sientes?

Permanece en ese sentimiento durante unos instantes, asimílalo y percátate de todos los detalles. ¿Puedes estar presente en ese instante, en lugar de sólo recordarlo?

Ahora, céntrate en aclarar el motivo de ese sentimiento. ¿Era por contribuir? ¿Por crear? ¿Por descubrir? ¿Por colaborar? ¿Por alimentar? ¿Por generar riquezas?

¿Cómo puedes expresar esta cualidad en tu vida? Manifestar dicha cualidad y los sentimientos que la acompañan es tu propósito o visión superiores.

Anota estas cualidades e imagina modos específicos de expresarlas en tu vida. ¿Qué debes hacer en este mundo o compartir con él? Podría ser tan emocionante como escribir una novela superventas o tan impactante como practicar una paz interior y compasión absolutas en todo momento.

8

LAGUNA:
EL PODER DE LA CONCIENCIA

«La clave del crecimiento es la introducción de dimensiones superiores de consciencia en nuestra conciencia».

SUFI PIR VILAYAT INAYAT KHAN, *maestro espiritual*

Hemos explicado que la visión y el propósito son potentes fuerzas impulsoras tras nuestro crecimiento y evolución. Sin ellas, sería difícil dirigir nuestra vida en una dirección concreta. Sin la dirección, sería muy fácil que nuestra vida cayera en la repetición y el *statu quo*, sin magia ni cocreación. Podríamos perder de vista los emocionantes y nuevos descubrimientos que nutren nuestro desarrollo y amplían nuestra consciencia y, por lo tanto, perderíamos nuestra capacidad para crear vidas que nos emocionaran de verdad. Al mantener una visión y establecer objetivos, grandes o pequeños, nos aseguramos un impulso continuo para ser mejores de lo que éramos antes.

Ahora que entendemos lo importante que es tener una visión u objetivo, veamos cómo llegamos a tener esa visión clara y averigüemos qué se encuentra entre tú y el hecho de convertir en realidad esa visión. ¿Qué crea esa laguna?

Visión integradora

Aunque algunas personas ya tienen una visión clara sobre lo que desean conseguir, tú quizás sólo cuentes con una vaga idea de la dirección en la que te quieres dirigir o tengas una visión incompleta. Lo que quiero decir es que tu visión u objetivo quizás sea demasiado específico y sólo trate un aspecto de tu vida. Es importante incluir todas las distintas áreas de tu vida en la visión para que se convierta en una «visión integradora». Cuantos más aspectos incluya dicha visión, más poderosa será tu magia y la capacidad para crear. Cuanto mayor integración, mayor claridad en la vibración. No puedes poseer una alta vibración de la visión de algo increíble si tu estilo de vida no se alinea o incluso es por completo opuesto a esa visión. Eso significa que también tienes que integrar áreas como el trabajo, la trayectoria profesional, la salud, las relaciones, las riquezas, las aficiones y tu contribución al todo en tu visión.

Sigamos con el objetivo que hemos usado de ejemplo: «Vivir en una enorme casa blanca en Hawái». Esta visión debería incluir algo más aparte de la casa física. Hazte preguntas como: «¿Con quién estoy en esa casa? ¿Qué aspecto tiene mi vida? ¿Cómo paso mis días? ¿Cómo me siento? ¿Soy feliz?». Si es así, ¿exactamente qué te hace feliz? Es probable que no sea sólo el hecho de vivir en una enorme casa blanca en Hawái…

Puedes crear, visualizar y fantasear por completo tu vida deseada de esa manera. Cuanto más detallada y completa sea tu visión, incluidos todos los pequeños aspectos de tu vida, más consistente será tu energía. Piensa en el quinto capítulo, «Energía: el poder de la consciencia» y cómo descubrimos que teníamos un campo energético a nuestro alrededor que es la suma de nosotros, nuestros cuerpos, palabras, pensamientos y sentimientos. Cuando esas cosas se alinean con nuestra visión de vida como un todo, nuestra energía general lo refleja. Cuando hablamos, pensamos, actuamos, sentimos, pretendemos, expresamos o nos vemos de cierta manera, nos convertimos en eso. Es así como somos. Personificamos nuestra visión.

Tu cuerpo y mente juntos
determinan cómo eres.

Lo más poderoso que podemos hacer como cocreadores de nuestra vida es centrarnos en nuestra visión, sobre todo en los sentimientos, emociones, palabras y pensamientos que la rodean, dado que componen la esencia de nuestro campo energético. Cuanta mayor consistencia exista a todos los niveles de energía (emocional, cognitivo y espiritual), más fuerte, compleja y detallada será nuestra esencia. Es la señal que emitimos al universo con nuestra lista de deseos. Es el «qué» de nuestra visión. Cuanto más fuerte sea la señal, con mayor claridad la recibirá el universo y responderá. Nuestra mente genera pensamientos y, junto con el cuerpo, sentimientos y emociones. Para que nuestro campo energético sea una burbuja consistente que emita exactamente lo que deseamos, necesitamos que el cuerpo y la mente estén en la misma onda.

Si soñamos con tumbarnos cerca de la piscina en nuestra enorme casa blanca de Hawái, visualizaremos con quién estamos tumbados, qué hacemos, la música que escuchamos, cómo es el clima, los colores del cielo y el agua, los sonidos ambientales, los olores, lo que sentimos, cómo se encuentra nuestro cuerpo y cómo vamos a pasar los momentos siguientes. Debemos hacer que nuestro sueño sea tan completo, detallado, emocionante e increíble que literalmente podamos sentirnos y vernos allí. Permitiremos que nuestra visión genere y amplíe lo que sentimos sobre nuestros objetivos para el futuro. Ahí es cuando todo nuestro ser entra en sintonía con nuestra visión, y todo tu ser emitirá esa señal y vibraciones. Nuestra mente (pensamientos) y cuerpo (sentimientos) zumban a la misma frecuencia. El universo no puede hacer nada más que organizarse de acuerdo con la esencia energética de nuestra señal (o visión) tal y como la percibimos, de forma que atraemos personas y circunstancias que vibran en frecuencias complementarias. De esa manera, nosotros, el campo y aquellos cuyas visiones se alineen con la nuestra crearemos una realidad que es la expresión de nuestra energía y nos apoyaremos a la hora de cumplir nuestra visión.

Sí, pero ¿cómo?

Aunque hay algunos pasos prácticos que puedes llevar a cabo para acercarte a la consecución de tu visión, no necesitas conocer todos los detalles sobre cómo alcanzar tu objetivo. Por ejemplo, si sueñas con convertirte en cirujano cardiovascular, entonces, por supuesto, te diriges al éxito siguiendo el camino educativo que te proporcione los conocimientos y titulación requeridos. Aun así, la forma en la que se va a desarrollar toda tu vida en torno a tu sueño de convertirte en cirujano incluye muchos otros detalles que debes dejar al universo. Recuerda que la forma en la que te comunicas con él es a través de pensamientos y sentimientos. Cuanto más personifiques tu sueño de convertirte en cirujano (a través de pensamientos y sentimientos), más fuerte recibirá el universo la señal «cirujano». El campo cuántico te puede alinear con las circunstancias y personas que respalden tu visión. «Cómo» va a suceder eso no depende de ti. No es tarea tuya saberlo ni organizarlo. Lo único que necesitas es permanecer consciente de todos los detalles sutiles para que no pierdas ninguna de las oportunidades que el universo sitúa en tu camino. Puedes fantasear o visualizar con gran detalle cómo será un día como cirujano. ¿Dónde vives? ¿Estás solo o tienes pareja? ¿Dónde está tu hogar? ¿Qué aspecto tiene? ¿Qué sientes? ¿Cuál es tu rutina cuando te levantas y te preparas para un día de trabajo? ¿Qué sientes cuando estás en el quirófano? ¿Qué hace que tu trabajo sea tan enriquecedor?

Céntrate en el «qué» y deja el «cómo»
al universo.

¡No es eso lo que quiero!

¿Te sientes identificado con esas palabras? No estás seguro todavía de cuál es tu visión y hacia dónde quieres llevar tu vida. Aún no has establecido un objetivo y por el momento no te importa. Por desgracia, no dejas de encontrarte en situaciones y con personas que no te gustan. Te preguntas por qué no dejan de ocurrirte cosas así. Aunque no estás seguro de lo que quieres, tienes claro que eso no es.

Suele ocurrir que, para llegar a lo que queremos en nuestra vida, tenemos que averiguar lo que no queremos y aprender a ver la diferencia. De esta manera, nos volvemos conscientes de la dinámica de los elementos que crean nuestra realidad. Sólo cuando reconozcamos nuestra propia contribución a las circunstancias y personas que aparecen en nuestra vida, positivas o negativas, podremos ser creadores conscientes de nuestra realidad.

¿Alguna vez te has percatado del tiempo y energía que dedicamos a todo lo que no deseamos? Parece que tenemos más que decir sobre lo que no nos gusta que sobre lo que sí, ya sea el clima, la política, nuestros cuerpos, nuestras parejas, nuestra salud, nuestros vecinos, nuestros suegros, nuestros jefes, la economía, lo que ponen en televisión, los famosos o las últimas tendencias. Incluso las noticias se centran más en lo malo que en todo lo bonito e inspirador que está ocurriendo. También ocurren cosas buenas, aunque como colectivo prestamos más atención a lo negativo que a lo positivo.

Es muy improbable que creemos el mundo positivo que queremos si centramos toda nuestra atención, y, por lo tanto, toda nuestra energía, en lo negativo. Cuando lo único que vemos y oímos son malas noticias e historias tristes, es muy difícil mantener una actitud positiva, es decir, generar y conservar pensamientos, sentimientos y emociones felices. Además, adivina qué es lo que atraes cuando vagas por ahí con una perspectiva negativa.

La ley de atracción

Dado que tus pensamientos, sentimientos, palabras e intenciones crean en conjunto tu frecuencia energética específica, atraes circunstancias y personas a tu vida que se alinean con dicha frecuencia. Por eso, cuando vas por el mundo con una nube negra sobre tu cabeza, es muy probable que atraigas circunstancias y personas que concuerden con dicha nube negra. El dicho «Las desgracias nunca vienen solas» es un gran reflejo de cómo funciona esto. Cuando no te sientes bien, no quieres rodearte de personas felices, animadas y contentas, ya que te hace ser consciente del contraste entre ellas y tú. Y ellas no quieren estar contigo tampoco.

De este modo, buscas o atraes de manera inconsciente a otros que se sienten igual que tú porque portas su misma vibración. Vuestros campos energéticos tienen un aroma similar. Parecen espíritus afines, lo que te hace sentir que conectas o que perteneces a ese grupo.

Por supuesto, esto también funciona al revés: cuando te sientes genial, feliz, emocionado, inspirado y animado, atraes a otras personas que se sienten igual. Reconocen el aroma de tu campo energético traspasando incluso tu idioma corporal más obvio.

Como afirma la ley de atracción, «los iguales se atraen». Nuestros pensamientos y sentimientos están compuestos de energía, y atraemos a personas y circunstancias a nuestra vida que concuerdan en el plano vibratorio con esos pensamientos y sentimientos.

¡Presta atención!

Estamos tan acostumbrados a vivir en un mundo 3D centrado en todo lo físico y lineal que es fácil que nos perdamos señales y oportunidades sutiles que emergen a nuestro alrededor. A menudo ni siquiera pensamos en todos los canales que se abren ante nosotros para ayudarnos a alcanzar nuestros objetivos. El paradigma con el que crecimos no incluía la creencia de que tenemos magia dentro y que estamos en constante cocreación con lo divino. Además, no nos enseñó a «cómo» usar dicha magia y nuestro poder de manifestación. Hemos estado viviendo en un mundo basado en las leyes 3D sobre las causas y reacciones físicas. No nos damos cuenta de que podemos causar nosotros mismos reacciones con pensamientos, palabras y sentimientos.

Cuando el campo cuántico se organiza alrededor de la señal que estás enviando, a menudo expresa primero aspectos muy sutiles. Como el caso del quinto capítulo sobre lanzar el concepto «rojo» y percatarte de todos los ejemplos que aparecen a tu alrededor. Debido a la naturaleza sutil de estas reacciones a tu señal, suele dar la impresión de que están relacionadas sólo indirectamente con tu visión… por lo que no siempre las captas. No las reconoces como una respuesta del universo a tu visión o plegaria, por lo que buscas el acontecimiento «importante». No esperas conseguir tu objetivo con pequeños pasos sutiles y, a menudo, impredecibles. Sin embargo, así es como funciona en realidad la magia de cocreación con el universo. Todo es una enorme «sopa» de energía, un campo de potencial infinito (el campo cuántico), que se organiza en ciclos, patrones, ritmos y estructuras bajo la influencia de la energía que le transmites.

Lo sutil que el universo alinea contigo podría incluir a alguien con quien hayas tenido una conexión en una situación que parezca poco relacionada con tu visión. Dado que no tiene nada que ver con tu objetivo, quizás no reconozcas el significado de su aparición en tu camino, pero tal vez resulte esencial para presentarte a otra persona que sí tenga que ver con tu visión. O quizás sientas una necesidad repentina de ir a la playa, aunque ése no fuera tu plan para el día. A lo mejor, cuando llegas a la playa, te encuentras con lo mejor que te ha ocurrido nunca y que acabará llevándote hacia tu visión.

Lo que pensamos, allí donde centramos nuestra atención, lo que esperamos, lo que creemos y lo que decimos en voz alta importa (en el sentido de que se vuelve «materia, realidad»).

El universo es mucho más amplio de lo que podemos percibir desde nuestra perspectiva limitada. Todo está conectado, incluso lo que escapa a nuestra experiencia y realidad directas. Tu atención fija, tu señal, comienza a empujar objetos, personas y circunstancias hacia ti que tienen la misma vibración de tu señal. Tal vez sea sólo algo sutil y pequeño al principio, pero luego, cuando te vuelves consciente de eso, comienzas a buscar otras señales y sincronías que se alineen con tu visión. Cuanto más lo hagas, más centrarás tu atención y dirigirás tu energía hacia tu visión. Quizás empieces a creer que algo puede ocurrir y esperes que se manifieste. Tal vez les cuentes a tus amigos que esas cosas están apareciendo «de repente». Todo esto tendrá un efecto acelerador sobre lo que atraes.

Entrar en sintonía

Para atraer lo que deseamos de verdad, tenemos que ser conscientes de lo que estamos atrayendo en el presente y cómo estamos contribuyendo a ello. Para este ejercicio, nos vamos a centrar en un área específica de atracción: personas que no están en línea con lo que deseamos. Quizás nos estén empujando a experimentar pensamientos o sentimientos negativos. Tal vez nos impidan vivir felices haciéndonos difícil mantener nuestra conciencia cuando interactuamos con ellas. Dado que somos espejos los unos de los otros, estos desencadenantes nos están enseñando algo sobre nosotros mismos. Podemos aprender a ver nuestro interior al usar a estas personas como espejo.

♦ Cierra los ojos si así te sientes más cómodo. Sigue tu respiración hasta entrar en el modo perceptivo. Céntrate en una persona concreta que sirva de desencadenante o te provoque sentimientos indeseados. Permanece con ella un instante.

♦ ¿Qué no te gusta de esa persona? ¿Cómo ha llegado a tu vida? ¿Qué te enoja de ella? ¿Cómo te sientes cuando eso ocurre?

♦ ¿Qué impresión de ti mismo extraes cuando te ves reflejado en el espejo que esa persona te ofrece? Por ejemplo, quizás sientas que esa persona te juzga. ¿Cómo se refleja eso en ti? Tal vez tú mismo te estés juzgando. ¿Te juzgas por estar juzgando a los demás? Presta atención a los detalles concretos de lo que piensas que juzga esta persona de ti y qué juzgas tú del resto.

◆ Cuando hayas identificado qué juzgas de ti mismo o de los demás, atrae tu conciencia a esa cualidad. Por ejemplo, quizás tengas una carencia, seas competitivo o te muestres demasiado positivo.

◆ Permanece en el modo perceptivo y permite que esa cualidad adquiera textura, sensación, sonido o imagen. Presta atención a tu cuerpo, a cualquier lugar donde sientas tensión o un bloqueo. Permite que tu conciencia adquiera el sentido de esta cualidad y obsérvala hasta que sientas que comienza a moverse y cambiar.

◆ Deja que continúe moviéndose, cambiando y disolviéndose hasta que sólo quede un espacio abierto o la sensación de fluidez. Mientras estás en el modo perceptivo, esto ocurrirá de forma automática cuando atraigas tu atención y conciencia a lo que esté bloqueando tu camino y desarrollo.

◆ Atrae tu conciencia a la persona con la que empezaste y percátate de cómo te sientes ahora. ¿Ha cambiado la sensación?

◆ Cuando tratamos con personas con las que hemos tenido relaciones largas y complicadas, quizás debamos hacer este proceso varias veces hasta que la energía se mueva.

159

9

HISTORIAS:
EL PODER DEL PENSAMIENTO
Y LAS PALABRAS

«Quería decir lo que dije y dije lo que quería decir».

Dr. SEUSS, *escritor*

Hemos visto que lo que se sitúa entre tú y tu habilidad para cocrear tu sueño o visión con el universo es tu conciencia. Hemos descubierto que tus pensamientos, palabras, sentimientos e intenciones son primordiales para tus poderes mágicos, y tu visión debe tener integrados todos los aspectos de tu vida para tener el efecto óptimo. También hemos explorado cómo funciona el universo y lo importante que es prestar atención a cada pequeño detalle para no perdernos cualquier oportunidad de acercarnos a nuestra visión o sueño. Las personas y circunstancias que aparecen en nuestra vida dependen de la conciencia de nuestros pensamientos, sentimientos y palabras, así como de la relación entre ellos.

Ahora vamos a analizar en profundidad las historias que contamos. Como son los cimientos sobre los que se basa nuestra vida, se encuentran en el núcleo de nuestras capacidades mágicas. Con frecuencia, nuestras creencias limitantes (los obstáculos para nuestro poder mágico) se encuentran enterradas en el interior y afloran en las historias que nos contamos tanto a nosotros mismos como a los demás. Al modificar nuestras historias, cambiamos nuestra vida.

La mayor historia de todas

La narración de historias existe desde el origen de la humanidad. Los relatos ofrecen una forma potente de registrar la historia, entregar mensajes, motivar, enseñar, ayudarnos a entendernos y, en última instancia, transformarnos. Los conceptos que son difíciles de explicar de manera lineal a menudo se vuelven más sencillos cuando se describen con una metáfora o un cuento. Seguro que te has dado cuenta de que mucha información que te llega mientras estás en modo perceptivo aparece en forma de imágenes, metáforas o historias, en lugar de argumentos o nociones teóricas.

Tal vez la mayor historia de todas sea la que contamos sobre quiénes somos como seres humanos y por qué estamos en la Tierra. Es una historia que lleva narrándose desde el principio de los tiempos, en todas las culturas y continentes, en muchos idiomas y formas. A veces, esta historia trata de la inclusión y muestra la comprensión de una escena mayor en la que los humanos están íntimamente conectados con el planeta y una Fuente divina. En otras ocasiones, la historia consiste en un cuento en el que la humanidad se separa por completo de lo divino. Con independencia de cómo se narren las historias, todas derivan del deseo intrínseco de explicar nuestra existencia y la razón por la que estamos aquí. Esta «gran historia» cambia y evoluciona, igual que nosotros, para alinearse con nuestra consciencia colectiva, que se expande gracias a los continuos descubrimientos científicos, la comprensión espiritual cada vez más profunda y los cambios sociales y culturales.

La «gran historia» con la que crecemos constituye la base de cómo nos vemos a nosotros mismos, al mundo y a la posibilidad de cocrear con algo mayor que nosotros.

Las historias encierran energía

Las historias contienen energía. Pueden combinar el mundo de la energía con el de la forma y la manifestación. Ya sean escritas, animadas en películas o visualizadas en el arte, las historias no sólo describen una serie de acontecimientos, sino que también influyen en nuestra forma de sentir y pensar. Por ejemplo, las historias de amor nos permiten tener la esperanza de que una conexión verdadera sea posible y nos motivan a abrir el corazón. Las historias de miedo nos hacen conscientes de los aspectos más oscuros y nos inspiran a prestar atención y a trabajar en nuestras habilidades para soportar lo opuesto a la vida. Las historias sobre personas reales que han hecho algo maravilloso nos motivan para dar una dirección a nuestra existencia.

Vemos películas y leemos libros porque
buscamos distraernos, animarnos, motivarnos,
educarnos, emocionarnos o inspirarnos.

Todos conocemos una película o un libro que nos cambia el ánimo, aunque muchas veces no nos damos cuenta de que las historias que nos contamos a nosotros mismos también lo hacen (crean un receptáculo para la energía). Contamos historias sobre nuestra vida, el mundo, los otros y, sobre todo, nosotros mismos. Todas son parte de nuestra burbuja energética personal. Cuando hablo de las «historias que nos contamos», no me refiero sólo a las que decimos en voz alta, sino también a las que se nos pasan por la mente sin que seamos conscientes de ellas, historias que no compartimos con los demás, o incluso con nosotros mismos a nivel consciente. Aunque no las digamos en voz alta, su energía «colorea» nuestro campo energético personal y emite la señal que enviamos al universo.

¿Qué historias nos contamos?

Todos contamos historias sobre quiénes somos, de dónde venimos, qué nos ha ocurrido y hacia dónde vamos. Nos gustan algunos aspectos de estas historias, pero muchos otros nos desagradan o queremos cambiarlos. Dado que nos resulta difícil aceptar que hemos participado en la creación de lo que no nos gusta en nuestra vida, a veces de manera inconsciente nos aferramos a historias que, de forma irónica, nos mantienen estancados en el lugar o la situación de la que queremos escapar.

Nos limitan a una expresión de nosotros mismos que sentimos demasiado pequeña o, de alguna manera, «fuera de lugar» con nuestro verdadero yo.

A menudo, nuestras historias tratan sobre lo que otros nos han hecho, en lugar de la forma en la que tomamos decisiones y construimos una realidad. Elegimos, de manera consciente o no, cómo responder a las personas y situaciones de nuestra vida.

En ocasiones, las historias que (nos) contamos sobre nuestras anteriores experiencias vitales influirán en la mayoría de las historias del resto de nuestra vida. Reflejan hasta qué punto hemos procesado e integrado nuestras experiencias. Si tuviste una mala experiencia con seis años y no has podido pasar página, se reflejará en las historias que te cuentes y que narres a los demás sobre ti. La experiencia quizás parezca muy real hoy en día porque se vuelve realidad de nuevo cada vez que la cuentas. Ya sea cuando la narras en voz alta para explicar quién eres o cuando la usas para recordártelo, se posa en el centro de tu atención e incluso te empuja a repetir esa experiencia. Continuará siendo así hasta que tengas la oportunidad de resolver el desafío o sanar el trauma.

Con frecuencia, nos aferramos a estas experiencias y nos identificamos conforme a ellas porque no tenemos la madurez, sabiduría y conciencia para procesarlas e integrarlas con la noción de que somos activos cocreadores de nuestra vida. Dado que nuestros pensamientos e historias siguen girando en torno a esa mala experiencia, seguimos atrayendo a personas y circunstancias a nuestra vida que se alinean con ella y así mantenemos viva la experiencia.

Las historias que cuentas emiten una señal al universo. Incluso cuando tienes un sueño o visión de algo que te gustaría conseguir, si la mayoría de lo que haces, dices, piensas y sientes sigue relacionándose con una mala experiencia, la señal que envías al campo cuántico realmente no trata sobre tu visión, sino sobre dicha experiencia… y no dejas de crear más. Recuerda que, para enviar al universo una «lista de deseos» coherente, tu mente y tu cuerpo necesitan contar la misma historia, es decir, tus pensamientos y sentimientos deben alinearse. No es suficiente con pensar en algo feliz y lleno de esperanza si te sientes triste o te cuentas historias de miseria, desesperación y represión. Por eso, las afirmaciones en sí mismas no son suficientes. A menos que se alineen con tus sentimientos, no serán eficaces.

La unión de tus pensamientos y sentimientos son tu punto vibratorio de atracción.

Este libro trata sobre cómo situarte en el centro de todo lo que ocurre en tu vida, cómo determinar quién y qué aparece en ella. Tus poderes mágicos se encuentran en la capacidad de influir en tu vida con pensamientos, sentimientos, palabras, intenciones y acciones a través de tus historias y la forma en la que las vives. Puedes superar la idea de que eres «sólo una víctima» mientras empiezas a entender el papel que juegas en tus circunstancias y cómo tienes el poder de cambiar tu vida al modificar tu perspectiva. Aunque no siempre podemos controlar lo que está ocurriendo, sí es posible gestionar nuestra respuesta. Permanecer en el papel de víctima porque nos ocurrió algo malo en una etapa temprana de nuestra vida es una decisión que tomamos. De ningún modo estoy desestimando las cosas horribles por las que quizás hayas pasado, pero no tienes que ser aquello en lo que te ha convertido el trauma. Puedes redimirlo transformándote en una historia de aprendizaje, fuerza, sentido de compasión y compromiso con la justicia. Este reconocimiento de tu magia y capacidad para transformar tu experiencia te da el poder de decidir cómo quieres responder.

La historia que creamos en torno a cualquier experiencia va a reflejarse en lo que se desarrolla a nuestro alrededor. Podemos ser protagonistas (creadores activos de nuestra historia) en lugar de víctimas en historias que no escribimos por voluntad propia.

Así, lo que decimos, las palabras que usamos y los relatos que contamos son importantes porque son puntos vibratorios de atracción. Nuestras historias no sólo describen nuestra vida, sino que también la crean. Al elegir de manera más consciente, al percatarnos del contexto más amplio de nuestra experiencia, podemos escribir historias en las que no somos las víctimas, sino sus creadores. Si usamos lo que aprendemos cuando entramos en modo perceptivo, expandimos nuestro contexto para incluir posibilidades que no se reconocerían de otro modo. En vez de ver obstáculos, los consideramos oportunidades de crecimiento. Reconocemos que los desafíos son el complemento de los logros y que la confusión lo es de los descubrimientos. Al cambiar las historias que contamos, modificamos la energía que las respalda y, por lo tanto, la que atrae personas y circunstancias a nuestra vida. Si nos volvemos ultraconscientes de cada palabra que pronunciamos e incluso pensamos, empezaremos a entender y cambiar los patrones que hemos creado y se reflejarán en nuestras relaciones y situaciones, lo que atraemos y lo que se repite en nuestra vida. Entonces, ¿cuál es la historia que cuentas sobre ti?

La mente y por qué importa

Tras reconocer las historias que contamos, las que explicamos a los demás, empezamos a ver que también hay historias que nos narramos a nosotros mismos incluso cuando no tenemos público. Entonces, podemos desarrollar nuestra conciencia de estas historias que nunca contamos en voz alta, historias narradas de la forma en la que nos tratamos.

Seguro que has oído el término «subconsciente». Se refiere a la parte de la mente externa a nuestra conciencia consciente, donde el prefijo «sub-» significa «bajo» o «tras» la consciencia. Así, todo lo que se guarda en nuestro subconsciente está bajo nuestra consciencia y no somos por completo conscientes de ello. Aun así, lo que se encuentra en nuestro subconsciente importa (en el sentido de que se vuelve «materia, realidad»).

Lo que ocurre en nuestro subconsciente
surge en las historias que contamos y,
por lo tanto, en la energía que crean
nuestras historias.

Como resultado, lo que sucede en nuestro subconsciente se refleja en las situaciones y personas que atraemos a nuestra vida. Veamos cómo funciona.

La mente se puede describir como el cerebro en acción. Éste es el órgano físico que, junto con el resto del sistema nervioso, respalda el proceso de la mente. Nuestra mente monitoriza, responde y utiliza o transforma la energía y la información que reunimos. De hecho, las últimas investigaciones en neurociencia y neuropsicología muestran que nuestra mente moldea y transforma nuestro cerebro. Los pensamientos, la manera en la que dirigimos nuestra atención y desarrollamos nuestra conciencia, generan y alteran literalmente la estructura física del cerebro.

Nuestra mente, no nuestro cerebro, encuentra sentido y significado a nuestra experiencia. La mente organiza la información que reunimos y dirige la energía con la que interactuamos o que generamos en nuestra respuesta hacia los demás y el mundo. Cuando nos relacionamos con el mundo de forma consciente, respondemos de manera reflexiva y creativa a las situaciones: podemos elegir los pensamientos, procesar las emociones y aclarar las percepciones que nos moldean a nosotros y al mundo. Nuestra mente genera la realidad porque produce pensamientos, emociones y la visión de nosotros mismos y el mundo.

Somos conscientes de gran parte de lo que hacemos y pensamos, pero hay mucho más de lo que no lo somos. Cuando no captamos cómo y dónde centramos nuestra atención, no somos conscientes.

Es útil dividir la mente en tres niveles dependiendo del grado de conciencia que tengamos: el inconsciente, el consciente y el subconsciente.

La mente inconsciente

La mente inconsciente se encarga de todo lo que ocurre en el cuerpo y funciona por sí sola sin nuestra participación consciente: el sistema inmunitario, el corazón, el aparato digestivo y las hormonas, entre otros. Todas las funciones involuntarias del cuerpo pertenecen al ámbito de la mente inconsciente. A veces es lo que llamamos «sistema nervioso autónomo».

Otra función de nuestra mente inconsciente es recibir información a través de los cinco sentidos (la vista, el olfato, el oído, el gusto y el tacto) y procesarla lo suficiente para determinar si debe atraer la atención de la mente consciente. Por ejemplo, cuando hay un escape de gas en casa, tu capacidad para olerlo se activa de manera inconsciente, pero te vuelves consciente del olor porque tu mente inconsciente empuja esa información hacia la consciente y así puedes actuar y salvarte.

La mente consciente

La parte consciente de la mente está a cargo de muchas cosas esenciales. Es tu mente «despierta», y su especialidad es la lógica y el pensamiento lineal. Le encanta razonar, analizar, planificar, organizar, evaluar, comparar y controlar. Está involucrada en todos los pensamientos y acciones de los que somos conscientes, como la lectura que estás llevando a cabo ahora mismo o el yoga que harás después. Ayuda a aprender y guarda conocimientos de manera que sean accesibles. Aunque es muy importante y útil, es limitada y sólo compone el 5 % de tu mente.

El abismo del subconsciente

Lo que nos lleva a la parte más grande y misteriosa de la mente: el subconsciente. Lo extensa que parece ser cambia dependiendo de la fuente que se consulte, pero existe un consenso general que asegura que ocupa más del 90 %.

El subconsciente es el lugar donde guardamos y del que extraemos información. Es allí donde se ejecutan los programas que nos permiten vivir sin tener que pensar cada pequeño detalle una y otra vez. Gran parte de los conocimientos que aprendemos con nuestra mente consciente se almacena aquí y se convierte en parte de nuestro comportamiento «automático». Conducir un vehículo sería un ejemplo. Cuando estamos aprendiendo, somos conscientes de todo lo que hacemos. Pensamos cómo usar las marchas, los intermitentes, el acelerador y los retrovisores. Nos obligamos a centrarnos, permanecer conscientes de nuestro entorno, anticipar y reaccionar. Al volvernos más habilidosos, muchos de estos comportamientos se vuelven subconscientes, es decir, los podemos llevar a cabo sin pensar en ellos de forma consciente en todo momento.

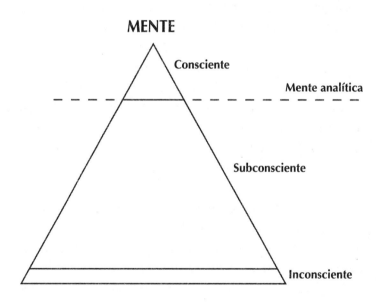

Escribir en el ordenador es otra habilidad que primero aprendemos de forma muy consciente, pero que acaba guardada en nuestro subconsciente (y en nuestra memoria muscular) para que podamos llevar a cabo el proceso de manera automática, es decir, ya no tenemos que pensarlo, sino que nuestros dedos saben automáticamente hacia dónde dirigirse para escribir. También ocurre lo mismo con marcar números de teléfono o el pin sin pensarlo conscientemente. Lo contrario también puede ocurrir: cuando intentamos pensarlo de manera consciente, nos quedamos en blanco.

Eso me pasó hace poco. Llegué a casa de una amiga para hacerle una visita. Había estado allí muchas veces y siempre usaba el código de la puerta para entrar en las instalaciones. Como no la había visitado desde hacía tiempo, de forma consciente empecé a pensar en el código mientras me acercaba a la puerta. Llegué a la pequeña caja donde debía pulsar los números y… ¡no lograba acordarme de cuál era el código! Lo intenté varias veces en vano. Me sentí un poco frustrada porque sabía que conocía el código… al menos, una parte de mi mente. Me di cuenta de que, cuanto más me esforzaba por recordar, más se encriptaban los números. Tuve que dejar que mi piloto automático tomara el control. Así, respiré hondo, cerré los ojos, me aclaré la mente y, justo al terminar, sin pensarlo… estiré la mano hacia el teclado numérico y permití que mis dedos escribieran el código. ¡Literalmente estaba viendo cómo lo escribían! Recuerdo pensar: «¡Ajá! Ése era el número» mientras veía cómo se abría la puerta.

La acción de escribir ese código en concreto había sido tan frecuente que se había convertido en una costumbre. Mi mente guardó la información en el subconsciente y mi cuerpo incorporó el patrón de movimiento que expresaba esa información. Cada vez que me acercaba a la puerta, mi subconsciente tomaba el control e indicaba a mis dedos que repitieran el patrón que tenía guardado.

Del mismo modo que almacenamos acciones en nuestro subconsciente, guardamos también recuerdos de experiencias. Hay muchos recuerdos de los que ya no somos conscientes, a menudo porque ocurrieron hace bastante tiempo. Pueden resurgir en la conciencia cuando algo del presente los impulsa hacia la superficie. Por ejemplo, quizás percibas el olor de unas rosas y de repente recuerdes que solías pasar tiempo con tu abuelo en su rosal. Te habías olvidado de esa experiencia, pero se guardó en tu subconsciente. El aroma ha activado tu mente para que lo traiga a la superficie. Por supuesto, es un recuerdo feliz y, como resultado, lo acompañan sentimientos felices en tu presente. Casi parece que estés viviendo de nuevo esa época con tu abuelo.

Sin embargo, a menudo los recuerdos que desencadena el presente pertenecen a experiencias desagradables del pasado y, como resultado, los acompañan sentimientos de infelicidad. De repente, podemos encontrarnos sintiéndonos tristes o enfadados, a pesar de que estábamos teniendo un gran día. Igual que nuestro subconsciente conduce el automóvil después de familiarizarnos con la ruta y una serie de comportamientos, nuestro subconsciente puede conducir nuestras reacciones y emociones.

Una sensación rememorada que se activa en nuestro subconsciente modela nuestra reacción en el presente y restringe nuestra conciencia de posibilidades mayores, limitando así nuestra capacidad de crear. La rabia o la tristeza que surgen de un recuerdo subconsciente pueden producir una reacción que suprime nuestras posibilidades ante las imposibilidades conocidas. En lugar de percibir el potencial que nos rodea en el campo cuántico, reaccionamos de una manera que expresa las certidumbres que surgen de nuestro pasado, que las modela. Nuestras reacciones desincronizadas interfieren con nuestra capacidad para percibir el potencial que nos rodea, atrapándonos en viejas historias sobre nosotros mismos y los demás. Así es como recreamos las limitaciones que nos vuelven infelices: nosotros somos quienes definimos la «realidad» que nos impide experimentar nuestro verdadero potencial.

Forma de ser

Cuando llegamos a mitad de la treintena, casi todo lo que hacemos y pensamos procede de lo que guardamos en nuestro subconsciente. Nuestra personalidad e identidad derivan de una serie memorizada de hábitos, comportamientos, respuestas emocionales, creencias, actitudes, historias y percepciones que hemos almacenado en el subconsciente. Estos recuerdos están «programados» en nuestro interior y ahora nos dirigen. Forman la base de lo que pensamos, sentimos y hacemos.

Lo que creemos y cómo nos sentimos
constituyen nuestra «forma de ser».

Desde que nos despertamos hasta que llegamos a casa del trabajo, hacemos la cena, vemos la televisión y nos acostamos, la vida de la mayoría de las personas es una repetición diaria de la misma rutina y comportamientos. Así, un día tras otro, se generan sentimientos similares. Cuando repetimos acciones una y otra vez, es más probable que siempre tengamos los mismos pensamientos y sentimientos mientras las hacemos. Además, recreamos la realidad que generan esas ideas y sensaciones.

A menudo, no somos ni siquiera consciente de todos los pensamientos y sentimientos que no se alinean con nuestro sueño y visión. Quizás soñemos con ser un gran artista en un escenario internacional, pero caminamos por el mundo sintiendo que no merecemos amor, enfadados por lo que ocurrió en el pasado, sin creer que en algún momento nos puede ocurrir algo maravilloso. No concordamos con nuestros sueños y gran parte de lo que contamos a los demás sobre nosotros tampoco lo hace. Cuando nuestros pensamientos y sentimientos (y, por lo tanto, nuestra forma de ser) no se alinea con las visiones y objetivos que tenemos, las señales que enviamos al universo tampoco lo hacen. Así, ¿cómo vamos a esperar que el campo organice su energía en consonancia con nuestros sueños si nosotros mismos no estamos en consonancia con ellos? Necesitamos entrar en sintonía con esos sueños y reconocer las posibilidades que el universo nos presenta para poder alinearnos con ellas (en lugar de ajustarnos a las limitaciones de nuestras viejas costumbres, percepciones y falta de conciencia). Después, enviaremos al campo la señal más fuerte que podamos generar, con lo que atraeremos hacia la superficie de realidad emergente dichas posibilidades. Para optimizar nuestra capacidad mágica de cocrear con el universo, nuestra forma de ser debe coincidir con nuestra visión.

Creencias

En el núcleo de la mayoría de nuestras historias se encuentran las creencias que tenemos sobre… bueno, todo: nosotros mismos, los otros, el mundo, nuestros trabajos, la familia, la salud, el dinero, la política, los famosos, nuestros vecinos, el clima, Dios, nuestras parejas, el amor, la comida…

Una creencia sólo es una idea en la que pensamos una y otra vez… hasta que se convierte en creencia. Igual que las descripciones incluyen suposiciones que no reconocemos, nuestras creencias suelen albergar suposiciones de las que no somos conscientes. Podemos desarrollar creencias sin ser siquiera conscientes de que estamos aceptando sus limitaciones. La mayoría de los pensamientos y las creencias proceden de nuestros recuerdos y pueden descubrirse en las historias que nos contamos sobre el significado de nuestra experiencia. También surgen de la educación, incluso la recibida en la infancia. Esto incluye la cultura, la escolarización, la religión e incluso las películas, los programas de televisión, los libros y las canciones a los que nos expusimos. Algo sucedió en el pasado que nos volvió de cierta manera.

Nuestras creencias son la base de las historias
que narramos.

Los pensamientos y emociones son el idioma de la mente, igual que las sensaciones físicas son el del cuerpo, por lo que evita ignorar lo que se encuentra en las palabras. Necesitamos «sentir» nuestro camino hacia delante. Para fortalecer y ampliar nuestra conciencia, tenemos que prestar atención a nuestras sensaciones, tanto emocionales como físicas.

Además, debemos fijarnos en las palabras que usamos para describir a los demás, al mundo y a nosotros mismos. Nuestras palabras portan historias, valores y creencias subyacentes. Estas historias constituyen un tipo de programa que se ejecuta en segundo plano, influyendo en nuestras experiencias, modelando nuestras elecciones y afectando a nuestra capacidad para crear resultados. El modo perceptivo nos permite «sentir» nuestra senda hacia lo que se esconde en las historias ocultas en nuestras palabras.

En concreto, las creencias suelen formar parte de nuestro subconsciente, es decir, se ejecutan en el programa continuo del que no somos conscientes (en cierta manera, componiendo su arquitectura). Este programa determina las historias que narramos, las palabras que usamos, las expectativas que tenemos y las suposiciones que hacemos. Dirige cómo nos sentimos y comportamos. Sin embargo, por lo general, no sabemos siquiera que se está ejecutando este programa o que todo se basa en una creencia que emergió tras una experiencia que tuvimos hace años o incluso décadas.

Ya vimos en el tercer capítulo, «Realidad: el poder de la comprensión», que nuestras creencias sobre el mundo, las personas y nosotros mismos moldean nuestra percepción de la realidad. Estas creencias están ocultas sobre todo en nuestro subconsciente, y se han convertido en parte de la programación que dirige nuestra vida. Las decisiones que tomamos, las relaciones que creamos y el trabajo que encontramos para nosotros mismos representan nuestras creencias. Al buscar patrones en estas áreas, obtenemos una percepción sobre lo que se esconde en nuestro programa subconsciente. Cuando cambiamos al modo perceptivo, ampliamos nuestra conciencia e intensificamos nuestra percepción.

Para alterar lo que atraemos a nuestra vida, debemos abordar las creencias subyacentes que determinan cómo nos comportamos, pensamos y sentimos. Para cambiar la señal que enviamos al universo y ampliar nuestra conciencia de las posibilidades disponibles en el campo cuántico, debemos modificar nuestra forma de ser. Para ello, tenemos que encontrar nuestro camino hacia el subconsciente con el fin de poder reescribir los programas.

Entrar en sintonía

Sigue tu respiración hacia el modo perceptivo y dirige tu conciencia hacia una creencia que tengas sobre ti y de la que encuentres una prueba clara en tu vida.

Céntrate en los patrones mientras buscas dichas pruebas en tu programación oculta. Quizás no te hayas percatado de que siempre atraes cierto tipo de parejas, aunque te digas que no vas a volver a cometer el mismo error de nuevo, aunque hayas ido a terapia antes de elegirla. ¿Cuál es el patrón aquí? ¿Qué sugiere ese patrón? Es posible que empieces con una afirmación como «No se me dan bien las relaciones de pareja», pero ésa no es toda la historia. ¿Qué cualidades hay escondidas en esa afirmación? ¿Por qué te describirías como una persona a la que «no se le dan bien» las relaciones de pareja? ¿Confías demasiado? ¿Dependes demasiado? ¿Eres demasiado independiente? ¿Cuál es la historia oculta en la característica que crees que más influye en tu experiencia de las relaciones románticas?

Este mismo enfoque funciona con cualquier patrón que observes para revelar una creencia (por ejemplo, el que te lleva a la creencia «No se me da bien ahorrar»). Dado que todo es un reflejo de lo que ocurre en nuestro interior, debes aprender una lección, tanto del patrón que revela la creencia como de la creencia en sí misma. ¿Qué te enseña tu creencia sobre cómo te apoyas y cómo te limitas? ¿Por qué piensas que tienes esa creencia? ¿Se basa en una experiencia que has tenido? ¿En algo que te hayan enseñado o que hayas leído, oído u observado?

Ahora, observa qué causa esta creencia en tu vida. ¿Cómo te está reteniendo? ¿Cómo evita que crees lo que deseas realmente?

Empieza con una afirmación que comience con «Si no creyera… sobre mí misma (u otra persona), mi vida cambiaría…».

Lleva contigo esta afirmación mientras entras en modo perceptivo y observa lo que surge en el espacio que abre esta nueva afirmación. Mantén la afirmación a tu lado hasta que sientas que se ha acabado el proceso.

Ahora centra tu atención en el escenario o las posibilidades que sientas que son verdaderas sobre ti. Permite que ocupen toda tu conciencia. Cuando notes que el proceso se ha completado, vuelve poco a poco a tu cuerpo y a la realidad física.

En tu diario, puedes anotar la creencia obstructora. Después, escribe la nueva afirmación y describe con todos los detalles posibles lo que ocurrió cuando dicha frase te acompañó al modo perceptivo.

En el capítulo 12, «Herramientas: el poder de la acción», presento la Herramienta Transformadora para el Merlín moderno que te aportará plantillas con las que guiarte a través del descubrimiento y la transformación de las creencias ocultas que pueden estar bloqueando el camino hacia tus capacidades mágicas de creación.

PARTE 3
TU VIDA

10

GEOMETRÍA SAGRADA: EL PODER DE LA ESTRUCTURA

«[El universo] no puede ser leído hasta que hayamos aprendido el lenguaje y nos hayamos familiarizado con las letras en que está escrito. Está escrito en lenguaje matemático, y las letras son triángulos, círculos y otras figuras geométricas, sin las cuales es humanamente imposible entender una sola palabra».

GALILEO GALILEI, *físico, filósofo, matemático*

En la última parte de este libro, vamos a unir todos los conceptos que hemos analizado hasta el momento y a integrarlos en un modelo que resulte funcional para tu vida.

Empezaremos con el modelo que ofrece la geometría sagrada y exploraremos cómo te puede ayudar a ampliar la conciencia de tu poder como creador de tu experiencia vital. La geometría sagrada moldea la energía en patrones que se pueden convertir en formas. Es una serie de reglas que conforman la energía y organizan plantillas para la materia. Al reconocer las formas, patrones y repeticiones del mundo natural que nos rodea, aprendemos a identificar los patrones que usamos para organizar nuestra existencia. La geometría sagrada nos ayuda a ser más conscientes de los patrones y su influencia en la vida: los que genera la Fuente y están disponibles en el campo cuántico, y los que se crean a través de las reacciones y respuestas a nuestra experiencia.

La creación convierte el caos (percibido) en armonía según los principios matemáticos que describen cómo la Fuente moldea la energía. Podemos aprender a leer este plano universal y la geometría sagrada puede enseñarnos a crear armonía en nuestra vida cuando la percibimos como caótica. Lo que solemos percibir como caos también se puede entender como la condición fértil y necesaria para que algo nuevo emerja. Lo que parece destructivamente caótico puede ser una oportunidad para crear algo nuevo si disponemos de las herramientas que nos ayuden a encontrar patrones en ese caos.

La geometría sagrada nos recuerda que todo en la creación se basa en los mismos principios fundamentales. En esencia, todo presenta patrones geométricos que traen armonía al caos para crear un mundo que expresa aspectos de las posibilidades infinitas.

Reconocer los patrones en los altibajos de nuestras propias vidas se encuentra en el núcleo de nuestro poder cocreativo. Éste es el tipo de conciencia que nos permite trabajar con la magia, y dicha conciencia puede alcanzarse al entrar en modo perceptivo en cualquier situación.

El plano del universo

Hay mucho que descubrir sobre la geometría sagrada. Podríamos acceder a todos los principios fundamentales que se encuentran en su núcleo y explorarlos a lo largo del tiempo y la historia. Con esto se podría escribir (y algún día se hará) un libro, pero, en *Merlín moderno*, vamos a centrarnos en cómo podemos usar la geometría sagrada como herramienta para dirigir nuestra energía y magia y elegir modalidades perceptuales.

A lo largo de la historia, en innumerables culturas y en todos los continentes, ha habido muchos indicios de nuestra comprensión de la relación entre los patrones geométricos y la vida en sí. Sólo tenemos que observar las estructuras construidas con las que honramos a nuestros dioses y diosas para descubrir que la geometría sagrada es fundamental en la forma en la que conectamos el ámbito mundano con el espiritual.

El término «geometría sagrada» hace referencia a nuestra comprensión de que todo en la creación se construye a través de las mismas normas y proporciones geométricas, es decir, de un plan «divino» (sagrado) subyacente. Los patrones y repeticiones de las fórmulas matemáticas son la base del modo en el que se forman y desarrollan las cosas.

La geometría sagrada se encuentra
en el centro de toda vida.

Por ejemplo, piensa en un girasol, en cómo las semillas de su flor forman un precioso patrón en espiral. Encontramos este mismo principio en espiral en muchos otros casos de la naturaleza, como las verduras, las conchas marinas, la formación de estrellas, las olas, las yemas de los dedos, las proporciones del cuerpo humano, las moléculas de agua e incluso nuestro ADN. La vida continúa creándose según los mismos principios. Las formas, patrones y repeticiones son la base del diseño de la naturaleza. Siempre. En cualquier parte. El microcosmos se crea y forma de la misma manera que el macrocosmos. Un átomo dentro de tu cuerpo existe bajo las mismas leyes que los planetas en el universo. Todo se repite.

Se podría decir que la geometría sagrada es un lenguaje. Y cuenta la historia de la creación.

¿Qué tiene que ver contigo la geometría sagrada?

Dado que la geometría sagrada se encuentra en el núcleo de nuestro ser, nos sentimos atraídos de forma intrínseca hacia sus diseños. Muchas de nuestras estructuras, iglesias, templos y mezquitas se construyen o decoran siguiendo los principios de la geometría sagrada, e incluso hay ciudades o paisajes enteros que se han diseñado de esta manera.

En el centro de la geometría sagrada hay formas y símbolos sencillos que todos conocemos: círculos, cuadrados, triángulos, cruces y espirales. Muchos de estos símbolos se encuentran en el mundo natural que nos rodea. A lo largo de la historia humana y en distintas culturas, encontramos pruebas del uso de formas y simbología que expresan nuestra comprensión sobre quiénes somos y cómo estamos conectados con nuestro entorno. A menudo usamos una mezcla de ellas para expresar conceptos complejos y ayudarnos a sentir que somos parte de algo más grande que nosotros.

Utilizábamos símbolos, formas y colores para contar historias mucho antes de que tuviéramos palabras para hacerlo. Con frecuencia, estas historias trataban de la creación y dónde entrábamos nosotros en ella: historias con muchas capas, sobre seres espirituales en un viaje dentro de un cuerpo humano, en un pequeño planeta, en algún lugar de una inmensa galaxia.

La geometría sagrada también nos recuerda que todo en la vida sigue patrones y ciclos, tanto en el mundo exterior como en el interior. Al comprender la naturaleza arquitectónica del universo, entendemos que nuestra vida se construye de la misma manera y los patrones siempre presentes son la forma en la que se expresa la vida. Gran parte de nuestro desarrollo como seres humanos se basa en reconocer estos patrones. Nos ayudan a darle sentido al mundo que nos rodea. Son los bloques que construyen nuestra consciencia. Sólo con centrarnos en reconocer estos patrones de nuestra experiencia, reforzamos la conciencia de nuestro potencial para alinearlo con estos principios y generar una magia armoniosa. Podemos reconocer con mayor facilidad de qué modo nuestras creencias limitantes distorsionan estos patrones, así como centrar nuestra conciencia en eliminar viejos patrones y creencias para generar otras nuevas que nos hagan entrar en sintonía con el poder creativo de esta geometría.

Una de las primeras cosas que aprenden los bebés es a reconocer formas y patrones, y sobre todo les atraen los de la cara. ¿Alguna vez has visto cómo se les ilumina la cara cuando reconocen a una persona que les resulta familiar? También pueden reconocer los patrones de sonido desde una etapa muy temprana (incluso dentro del útero), ya que responden a las voces y a la música relajante. Todo esto conforma los primeros pasos para darle sentido al mundo y desarrollar la consciencia. Cuando nos hacemos mayores, la percepción de nosotros mismos y nuestra realidad sigue creciendo a través de la relación cambiante que tenemos con los patrones de nuestro entorno, lenguaje y pensamiento. Solemos reconocernos social, cultural y espiritualmente basándonos en percepciones, comportamientos y expresiones similares. A menudo buscamos a aquellos que se parecen a nosotros y comparten visiones, moralidad y valores parecidos. Los iguales se atraen.

Espera… ¿eso no te resulta familiar?

Igual que nuestra energía atrae a personas y circunstancias con las que concordamos en el ámbito vibratorio, de forma consciente buscamos una conexión social, cultural y espiritual con personas y circunstancias que se alinean con nosotros. Tanto nuestro mundo interior como el exterior se componen de patrones y repeticiones.

¿Por qué ahora?

Vemos últimamente un interés creciente por la geometría sagrada. ¿Por qué? Nuestro mundo cambia con bastante rapidez. De forma colectiva, estamos empezando a comprender que todo está conectado. Las acciones de una persona nos afectan a todos, incluida la Tierra. La pandemia de 2020 fue un poderoso ejemplo. La realidad 3D nos mostró lo dependientes que somos y lo conectados que estamos a nivel físico. Lo que hacemos y decimos marca la diferencia. Nos estamos dando cuenta cada vez más de que vivir en armoniosa cocreación, los unos con los otros y con nuestro planeta, es la clave para la auténtica paz y culminación.

La geometría sagrada nos ayuda a conectar con nuestro verdadero «yo». Al reconocer las formas, patrones y repeticiones del mundo natural que nos rodea, podemos aprender a identificar los patrones de nuestra vida. Cuando entendemos que la creación en sí misma se basa en estos patrones y repeticiones, comprendemos que nuestras vidas se desarrollan de la misma manera. Así, si queremos cambiar nuestra vida o lo que ocurre en ella, debemos buscar los patrones y repeticiones que han creado la situación actual. ¿Te ves en las mismas circunstancias una y otra vez? ¿Las personas que aparecen en tu vida te aportan nuevas percepciones que te ayudan a evolucionar o estás viviendo lo mismo pero con distintos individuos? ¿Tu vida te lleva por una espiral que te empuja a desarrollarte y vivir nuevas experiencias mientras te atrae hacia tu interior, hacia una sensación mayor de conexión con la Fuente? Esta doble espiral (una especie de doble hélice, por así decirlo) es la forma de una vida creativa que avanza hacia su máxima expresión. Moverse en línea recta, negar las muchas posibilidades o caminos para defender una posibilidad única, sin importar lo limitante, aislante y dolorosa que sea, muestra con claridad que no te alineas con el campo cuántico de las posibilidades infinitas y la geometría sagrada que lo moldea.

La geometría sagrada nos recuerda que todo en la creación se basa en los mismos principios fundamentales. En el fondo, todo se compone de patrones geométricos, y dichos patrones aportan armonía al caos. Esto se aplica tanto al mundo interior como al exterior.

Reconocer los patrones de los altibajos de nuestra propia vida es el núcleo de nuestro poder cocreativo y mágico.

La geometría sagrada es una herramienta para potenciar la armonía en nuestra vida. Podemos usarla para crear entornos humanos que se alineen con los principios de la existencia. Podemos rodearnos de arte y diseños que reflejen cómo evoluciona la vida, e incluso decorar nuestro cuerpo con esos símbolos sagrados. Nos invitan a aferrarnos a la intención o creencia que representan y ellos mismos contienen energía. Por ejemplo, en el reiki, los practicantes utilizan símbolos para activar la energía. Podemos usarlos para crear más armonía en nuestra vida, recordar quiénes somos en realidad y que todos los seres están interconectados.

Los diseños con geometría sagrada pueden despertar e intensificar nuestra conciencia de la arquitectura sagrada que se encuentra en el centro de todo.

Flor de la vida

El diseño más conocido con geometría sagrada es la «Flor de la vida». Lleva presente durante siglos, pero ha aparecido con mayor frecuencia y conectado con más personas en los últimos años. Tal vez lo hayas visto en alguna parte (en el arte, la joyería o, cada vez más, los tatuajes). La imagen actúa como catalizador para más personas incluso que antes, ya que muchos accedemos a Internet, lo que permite distribuir imágenes entre culturas, países y continentes, así como a distintos niveles educativos y económicos. Ésta es la parte del cambio revolucionario que está ocurriendo dentro de la especie humana como personas en contacto con su intuición y con una experiencia «sensorial» de la realidad en vez de «pensante». Ése es el cambio del 3D a la multidimensionalidad.

La Flor de la vida se forma con círculos entrelazados. Este dibujo simboliza nuestra comprensión de que todo está conectado y somos parte de un todo mucho mayor. Su elemento básico es el círculo que nos recuerda que cada uno de nosotros como componente de un sistema vivo está completo y entero.

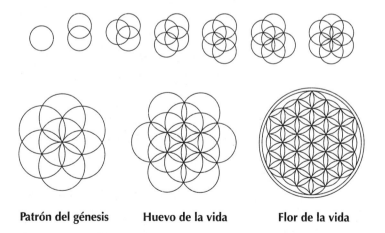

Patrón del génesis   **Huevo de la vida**   **Flor de la vida**

El proceso de creación de la Flor de la vida se inicia con un círculo hasta su expresión más completa a través de varias iteraciones características. La primera se obtiene cuando siete círculos completan una forma hermosa llamada el Patrón del Génesis. Simboliza el comienzo de la vida. La segunda iteración la integran trece círculos y se llama el Huevo de la vida. En muchas culturas, este patrón simboliza la fertilidad y el renacimiento.

Como símbolo, la Flor de la vida representa el universo como un todo, la comprensión de nuestra conexión con él y cómo todos los componentes separados pero interdependientes del universo trabajan entre sí. Es una expresión de nuestra comprensión de que todo está conectado, que nada está aislado o es una coincidencia. Todo es parte de un todo, incluidos tú y yo. Cualquier componente del todo es, en sí mismo, un todo también, capaz de mostrarse creativo y desarrollarse para alcanzar su potencial evolutivo.

La Flor de la vida nos sirve de fundamento y muestra la comprensión de nuestra conexión entre nosotros y con el todo.

Me gusta imaginar que la Flor de la vida en realidad representa que, como individuos, estamos todos conectados por nuestro núcleo, el corazón. Ya hemos visto que tenemos un campo energético a nuestro alrededor compuesto de pensamientos y sentimientos. Es nuestra burbuja personal y podemos imaginárnoslo como un círculo perfecto en el que somos un todo y nos completamos a nosotros mismos. Nuestro corazón se encuentra en el centro de esa burbuja.

Cuando conectamos con alguien y resonamos con él, lo hacemos por nuestro núcleo, el corazón... en el centro de nuestra burbuja de energía. Conectamos a través del amor, el que sentimos hacia nosotros mismos y nos ayuda a mantenernos íntegros, y el que sentimos por los demás y nos ayuda a mantener en pie las relaciones. Podemos imaginar que, igual que establecemos múltiples conexiones desde el corazón con los demás, en última instancia creamos un patrón parecido al de la Flor de la Vida.

Si seguimos añadiendo personas a nuestras conexiones de corazón y, por lo tanto, círculos al patrón, al final formaremos una Flor de la vida que se extenderá por todo el mundo. Ésa es la magia de nuestra magia. Cuando de forma individual encendemos la chispa de nuestra propia magia creando una preciosa burbuja de consistencia entre la mente y el cuerpo (pensamientos y sentimientos), podemos crear un mundo mágico de cocreación entre nosotros y en colaboración con un poder superior, como individuos y como redes de personas conscientes.

Puente hacia el subconsciente

Hemos visto que la geometría sagrada es el plano de creación e incluso el patrón estructural de la esencia del «tú». Dado que se encuentra en el centro de nuestro ser (en nuestro ADN, células y átomos), reconocemos la geometría sagrada como un idioma a nivel subconsciente, incluso aunque la información no esté codificada con palabras. Puede generar una sensación instantánea (inconsciente) de armonía, pertenencia y paz interior, y nos hace sentir la consistencia y el orden creativo que es el sello distintivo de la geometría sagrada en acción.

¿Recuerdas cuando descubrimos que el subconsciente componía el 90 % de nuestra mente? ¿Y que quienes somos deriva sobre todo de las costumbres y creencias enterradas en las profundidades de nuestro subconsciente? Esos hábitos y creencias se encuentran en el centro de nuestros pensamientos y sentimientos. Por lo tanto, dan lugar a la energía que generamos y a la señal que enviamos al universo con nuestra «lista de deseos». Reconoceremos las costumbres y creencias que nos limitan porque desentonarán con la geometría sagrada. Desarrollar nuestra conciencia de lo que está o no en sintonía, algo que hacemos cada vez que entramos en el modo perceptivo, nos ayudará a alinear nuestra energía para poder expresar todo nuestro potencial y utilizar la magia que es nuestra vida.

Para realizar cambios reales, debemos abordar el subconsciente.

Para alinear nuestros pensamientos y sentimientos y, por lo tanto, la energía con nuestra verdadera visión y deseos, tendremos que sumergirnos en el abismo del misterioso subconsciente. Necesitamos cambiar los programas que desentonan, dirigen nuestro comportamiento y, por lo tanto, determinan nuestra energía y lo que atraemos. No podemos esperar cambios en lo que causamos o creamos si seguimos teniendo los mismos pensamientos y sentimientos que generan la misma energía. Si deseamos cambiar las situaciones y personas que atraemos, debemos enviar una señal distinta al universo. Tenemos que cambiar nuestra burbuja energética al producir ideas y sensaciones nuevas. Debemos ser distintos para crear algo diferente. Y ser distinto significa abordar lo que se oculta en nuestro subconsciente.

Todo eso suena de maravilla en teoría, ¿verdad? Sin embargo, ¿cómo llegamos hasta aquello que se almacena lejos del alcance de nuestra mente consciente? ¿Cómo cruzamos la barrera de la mente analítica?

Diseños con geometría sagrada

Para ir más allá del pensamiento 3D y acceder al subconsciente, necesitamos superar la mente consciente. Cuando cambiamos al modo perceptivo con la meditación, experimentamos este paso de la mente consciente a la subconsciente. En la meditación, cerramos los ojos y atraemos la atención hacia el interior, lejos del mundo 3D gobernado por nuestros sentidos, para que podamos acceder al ámbito del subconsciente y el alma.

Platón llamó a la geometría sagrada
«el lenguaje del alma».

Otra forma de superar la mente consciente es inducir el estado de trance mientras estamos despiertos. Al darle a los ojos algo a lo que mirar que no haga referencia al mundo 3D, vamos más allá de nuestra mente pensante y se nos abre un camino directo al subconsciente. Si usamos imágenes de la geometría sagrada, los efectos son incluso más poderosos, ya que nuestro subconsciente de manera intrínseca se siente en casa en el ámbito de la arquitectura divina. La geometría sagrada puede ser el puente entre la multidimensionalidad y el ámbito mundano y 3D, entre la mente consciente y subconsciente.

Durante miles de años, la geometría sagrada ha formado parte de todas las culturas. Es el vínculo que nos conecta con el cosmos, el verdadero diseño de nuestra alma. Los principios de la geometría sagrada han aparecido en mandalas antiguos en muchas culturas, tanto orientales como occidentales (hinduismo, budismo e incluso cristianismo, donde la forma de la cruz celta refleja esos principios con total claridad). Estos diseños se usaban como herramientas para meditar, centrarse y crear un espacio sagrado. Es interesante que personas de distintos continentes descubrieran lo mismo: que el poder de los mandalas y la geometría sagrada pueden ayudarnos a la hora de acceder a un nivel más profundo de consciencia. El mandala Sri Yantra es un ejemplo que se ha usado durante siglos como símbolo para representar el cosmos y la unión entre la divinidad masculina y femenina.

En el mundo moderno, las personas utilizan los mandalas para meditar, la medicina china, el reiki, el *feng shui* y otras disciplinas. Jung estudió los mandalas y los incorporó a su trabajo, haciendo que sus pacientes crearan los suyos propios para que experimentaran la totalidad y la conexión con lo sagrado. Muchos terapeutas y sanadores siguen usando mandalas de esta manera. Yo misma utilizo la geometría sagrada para crear «mandalas modernos» con los que inspirar ideas originales y activar pensamientos más allá del día a día, de manera que podamos hacer cambios reales en nuestra vida. Descubrirás más sobre esta práctica al final de este libro.

Entrar en sintonía

Antes de entrar en modo perceptivo, toma un folio y recorta seis cuadrados, seis triángulos y seis círculos. Mantén esas formas a tu alcance.

Sigue tu respiración hasta entrar en modo perceptivo. Toma las formas que acabas de recortar y mézclalas hasta encontrar un patrón que te guste o te resulte armonioso. Puedes usarlas todas o sólo algunas.

Observa el patrón que has creado y permite que los conceptos o las palabras surjan para describir esta composición y cómo la experimentas: serena, creativa, caótica, fluida, equilibrada…

Ten en cuenta esta composición y su significado mientras contemplas las palabras de Galileo Galilei que aparecen al principio de este capítulo:

> [El universo] no puede ser leído hasta que hayamos aprendido el lenguaje y nos hayamos familiarizado con las letras en que está escrito. Está escrito en lenguaje matemático, y las letras son triángulos, círculos y otras figuras geométricas, sin las cuales es humanamente imposible entender una sola palabra.

Escribe en tu diario lo que has descubierto al explorar la geometría sagrada. Puedes fotografiar tu mandala y guardarlo para contemplarlo en el futuro.

11

GESTIÓN DE LA ENERGÍA: EL PODER DE LOS LÍMITES

«Cuando camines, hazlo con tacto y cuidado. Y recuerda que la vida es un gran acto de equilibrio».

DR. SEUSS, *escritor*

Ahora sabemos que todo es energía y que ésta se organiza según las mismas leyes universales en redes y patrones repetitivos. También entendemos que nuestros pensamientos y sentimientos son energía y que se encuentran en el centro de nuestro poder mágico, nuestra capacidad para causar y crear resultados de manera deliberada. Hemos descubierto que muchos de estos pensamientos y sentimientos se generan por creencias enterradas en nuestro subconsciente, donde se convierten en programas que dirigen nuestro comportamiento y respuestas automáticos. Además, estas creencias no se suelen alinear con lo que queremos crear para nosotros mismos.

La forma de romper los ciclos de respuestas automáticas y comportamientos repetitivos es, en primer lugar, ser conscientes de ellos. A menos que reconozcamos qué nos empuja a tener una respuesta emocional automática y deseemos observarlo con atención, seguiremos repitiendo el mismo comportamiento, que lleva a idénticos pensamientos y sentimientos que después causan el mismo resultado que, a su vez, produce el mismo comportamiento (y así continuamente). Sin embargo, cuando nos volvemos conscientes de cómo nos sentimos, tenemos la oportunidad de sumirnos en las profundidades de nuestro mundo interior y excavar el tesoro enterrado de las experiencias sin resolver. Lo llamo «tesoro» por el enorme valor que puede ofrecer descubrir asuntos o experiencias sin resolver. Cuando nos aferramos a lo que no hemos resuelto y lo solucionamos, liberamos una energía que podemos usar de forma deliberada y creativa.

Al atraer estas experiencias a la superficie, donde las podemos ver, entender y dejar ir, nos desprendemos de energía y dejamos espacio para nuevas formas de pensar y sentir… y, en última instancia, nuevas formas de ser. Como ya hemos visto, nuestra forma de ser determina la vibración o «lista de deseos» que enviamos al universo. Nuestras emociones son la guía más importante para mostrarnos por dónde empezar.

Emociones

Podemos sentir un gran número de emociones: felicidad, alegría, placer, tristeza, enfado, miedo, asco y cualquier aspecto intermedio. Sin embargo, una emoción es mucho más que «un sentimiento», dado que a menudo incluye reacciones y comportamientos físicos, como reírnos a carcajadas cuando recibimos una sorpresa positiva, gritar cuando nos enfadamos con alguien o que el corazón se nos acelere cuando sentimos miedo o entusiasmo.

Entonces, ¿qué son exactamente las emociones y por qué son tan importantes? Echémosle un vistazo a la palabra en sí. El término «emoción» se puede considerar la unión de «e-» y «moción», donde la primera parte hace referencia a la energía, y la segunda, a su movimiento.

Las emociones son energía en movimiento.

Las emociones se pueden describir como el movimiento de energía a través del cuerpo, dando lugar a una combinación de sentimientos, reacciones físicas y comportamientos. Las emociones también resuenan en nuestros yo multidimensionales, abriéndose paso a través de todos los niveles de consciencia y afectándonos a cualquier nivel de conciencia: son patrones de energía que influyen en todo nuestro ser.

Ya hemos visto que somos seres vibratorios, compuestos de energía. Nuestras emociones son un potente sistema de navegación integrado que puede ayudarnos a ser conscientes de los puntos en los que la energía fluye y en los que está bloqueada. Dado que las e-mociones son energía en movimiento, podemos aumentar nuestra conciencia de la energía siguiéndolas y aprendiendo a moverla, a disolver los bloqueos energéticos y a crear nuevas conexiones energéticas.

Gran parte de lo que percibimos en el mundo procede de nuestros sentimientos y emociones. Éstas nos ayudan a decidir qué hacer, dónde mirar, de qué alejarnos, qué recordar y cómo actuar a continuación. A menudo nos conducimos en la dirección que marcan las cosas que nos atraen y nos alejamos de lo que no lo hace. Lo primero es aquello con lo que nos sentimos alineados, es decir, lo que nos hace sentir bien, felices y emocionados. Al volvernos conscientes de nuestras emociones, podemos ajustar nuestro curso de acción en consonancia y de forma apropiada.

Piensa lo siguiente: cuando estás feliz (al enamorarte, por ejemplo), sientes que estallas de energía. La energía está fluyendo con libertad por el cuerpo y a menudo acaba con los bloqueos y obstáculos que se encuentra por el camino. Cuando estás en ese estado, sientes que puedes con todo y apenas sueles recordar por qué te preocupaba cualquier desafío. El dolor desaparece mágicamente y los problemas que pensabas que no podías superar de repente parecen sólo pequeños baches en la carretera. En este estado de alegría, atraes a personas y circunstancias que coinciden con tu energía feliz y te sientes atraído hacia más de aquello que potencia o continúa dicho estado. Así, te encuentras escuchando música alegre, viendo comedias románticas y disfrutando de la compañía de personas que también están felices y contentas. Como la energía fluye con libertad a través de tu cuerpo, te «enciendes» literalmente, haciendo que tu vibración aumente y todo tu ser se ilumine.

Encenderse y apagarse

Vamos a analizar lo que significa de verdad «encenderse» desde un punto de vista energético.

Estamos constituidos de energía. Somos seres vibratorios y, como las placas de circuitos eléctricos, podemos encendernos literalmente cuando la energía fluye con libertad por nuestro ser. Al «encendernos», vamos más allá del aspecto sexual. Estar «encendido» en cierto estado sí que puede conseguirse a través de la excitación, pero hay otras formas de alcanzar el mismo flujo de energía por el cuerpo y las respuestas físicas, emocionales y químicas relacionadas (la liberación de hormonas que nos hace sentir bien, la activación de la capacidad autocurativa del cuerpo y la incapacidad para tener pensamientos lineales son algunas de ellas). Puedes alcanzar ese estado a través de la meditación, ya sea usando el modo perceptivo o cualquier práctica contemplativa. También puedes centrarte en la geometría sagrada y entrar en trance. Conseguir algo increíble como correr una maratón o hacer un descubrimiento científico revolucionario pueden también catapultarnos hacia las altas vibraciones energéticas que nos encienden.

Cuando comprendemos que somos patrones de energía, podemos ver que estar encendidos no sólo influye en el cuerpo físico. Se genera un brillo óptimo cuando todas las partes de nuestro ser se encienden, se abren a un flujo de energía libre o se alinean con nuestro propósito o nuestra alma. Cuando esto ocurre, todos los aspectos de nuestro ser concuerdan y se armonizan: el físico, el emocional, el espiritual y el mental. Esto permite que nos expresemos de forma creativa en todos los ámbitos.

Lo opuesto también puede ocurrir: cuando te sientes triste o enfadado a menudo notas agotamiento. Tu energía no fluye con libertad, sino que está bloqueada y se ralentiza. Piensa en cómo respiras de manera más superficial e incluso retienes el aire totalmente cuando estás triste o en cómo aprietas la mandíbula y los puños cuando estás enfadado. Esta tensión evita que la energía fluya con libertad por el cuerpo y tu luz se apaga de forma literal. Imagínate de nuevo como una placa de circuitos eléctricos. Cuando hay desconexiones entre los circuitos, el flujo de energía se interrumpe y nada se enciende. Lo mismo ocurre con el cuerpo. Cuando te enfadas, te tensas y la energía ya no fluye. No pasa nada si es algo temporal y lo ideal es que funcione así: surge la emoción, te muestra que hay algo a lo que prestar atención y abordas la causa para resolverla, dejarla ir y permitir que la energía vuelva a fluir de nuevo. Por desgracia, lo normal es que no sea así. Con frecuencia, las emociones surgen y no sabes qué hacer con ellas o cómo resolverlas, o quizás ni siquiera eres consciente de cómo te sientes. Por eso no las abordas. De esta manera, muchos de tus sentimientos y experiencias quedan sin resolver y acaban enterrados en el subconsciente, donde se convierten en programas que dirigen tu comportamiento (inconsciente) y tu forma de ser.

Las emociones nos ayudan a ser conscientes
de cómo nos sentimos, lo que funciona
y lo que no, de manera que podamos
llevar a cabo ajustes.

Existen muchas formas de generar bloqueos energéticos si no somos conscientes de nuestra programación o emociones. Al parecer, incluso las emociones positivas que se alinean de forma más intensa con nuestra programación (en lugar de con nuestro verdadero yo), pueden crear bloqueos, aunque la emoción que genera la mayoría de los bloqueos es el miedo. Éste puede paralizarnos, evitar que pensemos con claridad y hacernos actuar de una manera que no se alinea con nuestro bienestar.

Entender el miedo

El miedo es la emoción que sentimos cuando (pensamos que) estamos en peligro de que nos hieran, dañen o maten, ya sea física o psicológicamente. La amenaza puede ser real o imaginaria.

El miedo es una emoción primitiva y natural que tiene un papel importante a la hora de mantenernos a salvo. Cuando sentimos que nos encontramos en peligro, el miedo hace que nuestro cerebro le envíe al cuerpo la señal de «lucha o huida», por lo que o bien nos quedamos y lidiamos con la amenaza, o bien huimos hasta estar a salvo. Esto es importante porque, cuando estamos en peligro, necesitamos que el cuerpo funcione de manera óptima, aunque el impulso temporal tenga después un coste. Correr o luchar gasta energía, por lo que el cuerpo apaga las funciones que no se necesitan para eso y dirige en su lugar toda la energía hacia la amenaza, ya sea para evitarla o abordarla. En respuesta al estrés agudo, el sistema endocrino libera adrenalina, que hace que el corazón lata más rápido y bombee mucha sangre al organismo, lo que aporta mayor energía a los músculos. Las pupilas se dilatan, por lo que entra más luz y mejora la visión. La piel se vuelve más pálida porque la sangre se redirige a los músculos. Durante este estado de crisis, todas las funciones no esenciales se reducen o posponen. La digestión se suspende, igual que el sistema inmunitario, dado que elegimos sobrevivir a ese momento, en lugar de evitar enfermar en el futuro. El flujo sanguíneo del cerebro se encamina hacia las partes que respaldan el modo supervivencia, en lugar de a la parte del cerebro que ayuda a pensar con claridad. Por eso, cuando estamos asustados, actuamos sin pensar: nuestro mecanismo de supervivencia automático toma el control.

Ahora bien, este sistema completo está diseñado para que sea una respuesta rápida a una situación temporal. Cuando nos persiguen abejas enfurecidas, nos amenazan a punta de pistola o nos encontramos colgados de un precipicio sobre un barranco, necesitamos que nuestro cuerpo haga lo que sea para recuperar la seguridad. Todos los recursos y la energía deben dirigirse de manera que nos saquen del peligro.

Cuando estamos a salvo, comenzamos la recuperación, es decir, nuestro cuerpo vuelve a enviar energía al sistema digestivo, al inmunitario y al sueño reparador.

Por desgracia, en el mundo actual, muchos vivimos en un estado constante de estrés, ansiedad y miedo. Apenas recuperamos un estado total de reposo y descanso, ya sea a nivel psicológico u hormonal.

¿Real o irreal?

Todos tenemos miedo a cosas, además de a las amenazas inmediatas. Algunas las tememos casi todos, mientras que otras pueden ser desencadenantes personales. El miedo a la muerte, la enfermedad, perder a alguien querido y no tener dinero suficiente para sobrevivir son bastante comunes, pero estar solo, la vejez, la oscuridad, el agua, las arañas, los perros, las abejas o los rayos pueden aterrarnos a algunos y ser algo normal para otros. Nuestros miedos conforman gran parte de nuestra realidad personal.

Algunos miedos encuentran su origen en experiencias pasadas, mientras que otros se basan en las historias y creencias de los demás, nuestra cultura, religión y construcción social. Muchos miedos tratan de algo futuro que no vemos, predecimos ni controlamos.

Podemos dividir los miedos en tres categorías:

1. Las cosas que están ocurriendo ahora mismo.

2. Las cosas que ocurrieron en el pasado.

3. Las cosas que pueden ocurrir en el futuro.

Esto supone una importante distinción que nos ayudará a clasificar si un miedo es «real» o no. Lo que quiero decir con «real» es si el miedo está conectado con algo que está ocurriendo en el presente. ¿Ahora mismo nos están amenazando? ¿Estamos en tal peligro que necesitamos actuar ya? Cuando nos persiguen abejas enfurecidas, la amenaza es inmediata y real, por lo que nuestro miedo es adecuado y nos ayudará a redirigir nuestra energía hasta que estemos a salvo. Sin embargo, cuando volvemos a la lista de miedos comunes, no hay muchos que presenten un peligro actual. Eso significa que gastamos mucho tiempo y energía asustados por cosas que no son reales en el presente. Es todo aquello que aleja nuestro enfoque y energía de nuestra magia, de la capacidad para crear resultados que se alinean con nuestra visión y deseos.

Lo desconocido

Casi todos los miedos que consisten en aspectos del futuro derivan de una inquietud general hacia «lo desconocido». No nos gusta no poder ver hacia dónde nos dirigimos o qué va a ocurrir. No nos gusta lo impredecible y la incertidumbre, y el futuro está lleno de muchas incógnitas. Es como conducir a través de una niebla espesa sin saber si nos vamos a chocar con algo en cualquier momento o si la carretera se va a acabar y nos vamos a caer hacia el fin del mundo. Para muchos de nosotros, es una metáfora apropiada sobre cómo nos sentimos mientras tratamos de navegar por nuestra vida. Además, todo lo desconocido y las incertidumbres causan un estado constante de miedo y ansiedad.

Gran parte de lo que genera este miedo a lo desconocido es el hecho de que no entendemos cómo funcionan las cosas. Nuestro sistema actual de creencias y paradigmas no cubren la forma en la que trabaja el universo, cómo se crea la vida, que todo es energía, cómo los iguales se atraen, que el cambio es la única certidumbre y que formamos parte de un caleidoscopio de patrones y repeticiones vibratorios. Pocos entramos en modo perceptivo, lo que nos aporta percepciones sobre la manera en la que opera el universo. Sin embargo, cuando lo hacemos, experimentamos la incertidumbre con una curiosidad y sinceridad acogedoras, algo que nos anima a volvernos conscientes en lugar de a permanecer vigilantes. La incertidumbre es la puerta hacia la realidad multidimensional. Este término casi sólo se conoce en esoterismo, metafísica y círculos científicos, no es algo que se enseñe en la escuela para ayudarnos a construir un modelo de mundo que nos empuje a desarrollar una relación cocreativa con el campo cuántico. No nos enseñan a percibirlo todo desde el punto de vista energético y vibratorio para ayudarnos a entender nuestro papel en lo que ocurre en nuestra vida. No estamos formados para aumentar nuestra tolerancia a la hora de abrirnos a la incertidumbre, lo que nos permite practicar la magia. Compartimentamos cualquier cosa, en lugar de operar desde una perspectiva de inclusión e interconexión entre todo lo que existe. Nos alejamos de la relación con la creatividad esencial de lo divino.

Este modelo desactualizado de nosotros mismos y nuestra conexión con el todo nos deja fuera de lo divino y no reconoce nuestro poder de crear con él. No me extraña que nos sintamos solos y asustados. Nos enseñan que hay un poder superior lejos de nosotros y que nos han dejado aquí básicamente para tropezar en la oscuridad, con la esperanza de que se nos recompense por «buen comportamiento». Esta dinámica es común a todos nuestros programas limitantes y las creencias que la apoyan. Nos aterra que, si hacemos algo «mal», nos castiguen. No nos damos cuenta de que nuestra forma de ser (y, por lo tanto, nuestra energía) atrae a personas y circunstancias a nuestra vida.

En última instancia, todos nuestros miedos
se resumen en nuestro miedo a estar solos,
separados de la Fuente.

Cuando reconocemos que, de hecho, estamos en cocreación con el universo, ya no tenemos miedo. Al contrario, como participantes activos en el desarrollo de las situaciones y personas que aparecen en nuestra vida, somos conscientes de que somos magos modernos y que el campo cuántico es un lugar emocionante lleno de potencial y magia en el que estamos deseando sumergirnos.

Clasificar las cosas

Todo está constituido de energía. Nuestra capacidad para cocrear de manera deliberada está relacionada directamente con nuestra habilidad para reconocer, trabajar, dirigir y gestionar la energía en cualquier nivel y ámbito de nuestra vida. Todo empieza con ser conscientes de hacia dónde dirigimos la energía y por qué.

Piénsalo así: todos tenemos un cien por cien de energía con la que trabajar. Podemos tomar decisiones deliberadas sobre cómo queremos usar esa energía y cómo vamos a recargarla cuando se nos agote. La manera en la que gastes tu energía es una decisión muy personal. Quizás prefieras utilizar un 60 % en trabajo, un 20 % en relaciones, un 10 % en autocuidados y el 10 % restante en todo lo demás. Por otra parte, un amigo tuyo puede decidir gastar un 80 % en trabajo, un 10 % en ejercicio, un 5 % en viajar y un 5 % en relaciones. Aquí no hay nada acertado ni incorrecto, todos tomamos decisiones personales sobre cómo queremos perfilar los detalles de nuestra vida. Sin embargo, lo importante es ser conscientes de cómo nos sentimos mientras hacemos las cosas para que podamos desviar nuestra energía y atención hacia lo que nos permite expresar nuestro potencial.

Básicamente deberías hacerte tres preguntas ante cualquier cosa que hagas:

1. ¿Lo que estoy haciendo me aporta energía?

2. ¿Lo que estoy haciendo me resta energía?

3. ¿Lo que estoy haciendo mantiene neutro mi nivel de energía?

Cuando se trata de relaciones con los demás, la razón de por qué las buscamos, mantenemos, permanecemos en ellas o las terminamos puede volverse borrosa. Dado que no nos enseñan que somos parte de lo divino, que todos portamos una pizca de divinidad dentro de nosotros y que somos infinitos y eternos, tememos estar solos. De este modo, buscamos fuera conexiones con los demás.

A veces, al deseo de conectar lo motiva la curiosidad o la atracción que emerge cuando reconocemos a alguien que puede ayudarnos a vernos con mayor claridad o apoyarnos a desarrollar al máximo nuestro verdadero yo. Esta clase de relaciones puede producir un beneficio mutuo: recibimos y damos energía de manera bilateral y, en última instancia, ganamos energía de esa persona.

En otros casos, buscamos compañía para escapar de la sensación de escasez. Intentamos conseguir lo que sentimos que nos falta, nos olvidamos de que somos suficientes. Esta clase de relación a menudo se basa en la necesidad en lugar de en la creación y, con el tiempo, nos resta más energía de la que nos proporciona.

En ocasiones, nos abrimos a conectar con los demás no porque queramos mejorar nuestra energía, sino porque deseamos ayudarlos, nos parecen atractivos o disfrutamos de su compañía. Esta clase de relaciones es bastante neutral, y con frecuencia ocurre cuando sentimos que estamos llenos de energía que queremos dar a otra persona.

A veces no somos ni siquiera conscientes de que hemos conectado con alguien y que su energía influye en la nuestra hasta que, de forma consciente, entramos en sintonía y vemos lo que está ocurriendo con nuestro nivel de energía.

Dedica un tiempo a pensar en algunas de las relaciones más importantes de tu vida. ¿Cómo las «clasificarías» utilizando las tres preguntas sobre la energía (si la relación te la da, te la resta o es neutral)? Es importante ser consciente de lo que está ocurriendo con tu energía, tanto cuando te llenan de ella como cuando la agotan.

Déjate guiar por tu alegría.

Una buena manera de dirigir tus relaciones (y tu vida, al fin y al cabo) es dejarte guiar por tu alegría, ya que es la emoción con las vibraciones más altas, es decir, puede iluminarte como ningún otro sentimiento. Por lo general, deberías hacer más de aquello que te hace sentir alegría y menos de lo que no. Si tienes una relación que no deja de causarte estrés, irritación o incomodidad, tal vez deberías preguntarte por qué sigues en ella. A lo mejor hay algo que deseas descubrir sobre ti mismo. O quizás la mantengas porque tienes demasiado miedo a marcharte.

Cuando reconocemos los patrones en nuestra vida, podemos reflexionar sobre cómo involucrarnos con los demás en el plano energético.

Abrumado

Todos hemos pasado por eso: hemos estado corriendo de aquí para allá como superhéroes, atendiendo a nuestro trabajo, pareja e hijos, haciendo la compra y las tareas del hogar, manteniendo la relación con amigos y familiares, estando al día con las redes sociales y las noticias, e introduciendo a la fuerza una sesión de yoga o deporte aquí o allí. De repente, nos sentimos agotados y exhaustos. No logramos salir de la cama o aparecer en esa comida que habíamos planeado con un amigo. No podemos siquiera encontrar la energía suficiente para entrar en las redes sociales. Todo pesa demasiado. Nos sentimos abrumados.

Estar abrumados significa que asimilamos más de lo que podemos procesar. También, que usamos más energía (física o emocional) de la que podemos generar para llegar a todo.

Somos seres energéticos y tenemos disponible el cien por cien de la energía. Es esencial permanecer en sintonía con nuestro nivel de energía y ser conscientes cuando la perdemos, ganamos o nos mantenemos neutros. Si nos sentimos bajos de energía, tendremos que aceptarlo y centrarnos en la recarga. También necesitamos aprender a establecer límites para evitar que nuestro nivel de energía baje tanto que alcancemos el estado de superación. Incluso en la relación con nuestro yo superior, Dios, lo divino o el universo, necesitamos asimilar el nivel de aportación que podemos recibir y cuándo debemos retirarnos para cuidar de nosotros mismos. Sólo porque estemos en sintonía con todos los susurros que proceden de los ámbitos sutiles no significa que siempre tengamos que escucharlos. El universo ofrece una información constante. No considera los límites que los seres humanos tenemos a la hora de lidiar con ella, sea positiva o negativa. A veces, una desconexión completa (temporal) de todo nos ayuda a recuperar el equilibrio.

(Auto)sabotaje

A menudo saboteamos nuestra evolución y crecimiento. Todos los programas ocultos en el subconsciente nos empujan a crear los mismos escenarios una y otra vez. Si en el pasado permitimos que personas con energías y patrones disfuncionales entraran en nuestro espacio, quizás busquemos nuevas conexiones y relaciones con las mismas cualidades disfuncionales. Esto ocurre porque la experiencia original que generaba dolor e inquietud no se resolvió y ahora está enterrada en el subconsciente, donde genera un programa automático que nos mantiene aferrados al mismo patrón. Aunque ya sepamos cómo va a acabar, no podemos evitar que el subconsciente nos guíe.

Otra forma de autosabotearnos es que nos vaya todo genial, por encima de cualquier estado previo de felicidad, éxito o abundancia, y creemos algo (un desastre, una enfermedad o un fracaso) para ralentizarnos. Estamos tan acostumbrados a las energías bajas de nuestro «antiguo» estado que nos paraliza el potencial del éxito. Es mucho más fácil seguir siendo insignificantes y soñar con lo que queremos que arriesgarnos a fracasar para perseguirlo... o para alcanzar los sueños y enfrentarnos a la incertidumbre que les sigue.

Empatía

En el quinto capítulo, hemos descubierto que, como seres vibratorios que estamos conectados con todo lo que existe, podemos sintonizar la energía de otras personas. Aunque este tipo de conexiones tenga un valor increíble a la hora de ayudarnos a completar el escenario de nuestra realidad (recuerda que la realidad es cómo percibimos nuestro mundo interior y exterior), también puede ser contraproducente cuando no sólo conectamos con las otras personas, sino que también asimilamos su energía y sus emociones.

Cuando somos conscientes, pasamos al modo perceptivo y permitimos que nuestro guía interior nos aporte retroalimentación y percepciones sobre la otra persona sin cruzar las barreras para entrar en su experiencia. Es una técnica saludable que crea fuertes pilares para las relaciones.

Sin embargo, cuando no somos conscientes, de forma involuntaria podemos absorber los miedos y bloqueos de los demás sólo con estar cerca de ellos. Como vimos en el quinto capítulo, cuando nos aproximamos a otra persona, nuestras burbujas energéticas se solapan y, de manera inconsciente, podemos asimilar sus pensamientos y sentimientos. Podemos abandonar nuestra propia experiencia y entrar en la suya, absorber su energía, los bloqueos y las inquietudes de su propio programa, miedos y creencias. Al absorber la energía de otras personas además de la propia, se bloquea el flujo de energía. Por ejemplo, cuando tenemos miedos sin resolver y creencias limitantes enterradas en nuestro subconsciente, interaccionar con alguien que se siente temeroso o dolido puede desencadenar nuestra programación para generar sensación de miedo y limitación. Si la persona con la que estamos se centra en el paradigma 3D, definido por los límites, también se puede bloquear nuestro flujo de energía al olvidarnos de nuestro origen y alma. Cuando no nos alineamos con nuestra propia energía y la conexión con la Fuente se debilita debido a nuestros miedos, creencias limitantes o la aceptación empática de los miedos y creencias de la otra persona, nos sentimos abrumados, nos saboteamos o generamos limitaciones que nos mantienen «a gusto» al permanecer en terreno conocido.

Si somos conscientes, percibimos a los demás con más precisión y no absorbemos simplemente su energía. Con la práctica, podemos separar nuestras distorsiones de las suyas y sólo percibir cómo se sienten, lo que les está ocurriendo, si son auténticos y sinceros (con nosotros) o si ocultan algo. Esto es así incluso si ellos mismos no son conscientes de sus propias historias y distorsiones.

Entrar en sintonía

Lee lo siguiente una vez para que entiendas la esencia de lo que intentamos hacer. Da igual si no lo haces exactamente como se describe aquí. Lo más importante es que entiendas que tu intención debe alejar tu conciencia del mundo exterior durante unos minutos y permitir que lo que ya no te sirve te abandone para poder llenarte de luz.

Sigue tu respiración para entrar en modo perceptivo y desvía tu conciencia hacia el interior, entrando en sintonía con tu energía y permitiendo que fluya.

♦ Cierra los ojos si así te sientes más cómodo. Respira hondo. Inhala por la nariz, retén el aire un segundo y suéltalo por la boca. Hazlo de nuevo: inspira por la nariz, retén el aire y suéltalo por la boca. ¡Aaahhh!

♦ Entra en ese espacio precioso y consistente que es el centro de tu corazón, respirando con suavidad pero profundamente.

♦ Permite que el mundo exterior se desvanezca durante un instante.

♦ Entra en sintonía con el espacio de tu corazón y siéntelo. ¿Qué notas? ¿Parece estar abierto? ¿Cerrado? ¿Contraído? ¿Sereno? ¿Inquieto?

♦ Sigue adentrándote en ti y observa las emociones durante un instante. ¿Cómo te sientes? ¿Qué palabra te viene a la mente? No lo pienses demasiado, acepta la primera impresión que aparezca.

♦ Analiza tu cuerpo o tu ser interior. ¿Alguna parte atrae tu atención? ¿Algún dolor? ¿Incomodidad? ¿Tensión? ¿Estrés? ¿Dónde lo sientes?

♦ Ahora imagina que estás de pie en algún lugar en el que te encuentres muy conectado con el universo. Podría ser en la cima de una montaña, cerca del océano o en un bosque.

♦ Piensa que estás ahí de pie, con los brazos abiertos y los ojos cerrados.

◆ Ahora visualiza un luminoso rayo de luz que aparece, se derrama sobre ti y te inunda. Lo único que necesitas es permanecer ahí de pie y asimilarlo. La luz te baña como si te encontraras duchándote.

◆ Imagina que te llena, que comienza a fluir desde tu cabeza hacia el resto del cuerpo. Cuando llegues a los lugares en los que notes tensión o dolor, detente un momento e imagina que esas zonas se llenan de luz, desvaneciendo lo que ya no te sirve. Permite que fluya lejos de tu cuerpo, de tu ser, hacia la tierra donde se convertirá en luz. Percátate de lo que se lleva este flujo de luz. ¿Ves tus propios miedos y creencias en límites o escasez? ¿Ves la energía que has absorbido de otra persona?

◆ Vuelve al mundo físico poco a poco. Advierte cómo te late el corazón o cómo el aire entra y sale de tu persona para guiarte de vuelta.

Anota en tu diario lo que has entendido sobre tus miedos y creencias limitantes y cómo la energía de otras personas crea obstáculos en tu flujo. ¿Cómo usas el modo perceptivo para transformar estas creencias limitantes y desprender bloqueos creados por la energía de los demás?

12

HERRAMIENTAS:
EL PODER DE LA ACCIÓN

«La vida es como montar en bicicleta. Si quieres mantener
el equilibrio no puedes parar».

ALBERT EINSTEIN, *físico teórico*

L a cita de Albert Einstein encierra una gran verdad. No
sólo es un reflejo de la esencia del universo que no deja de moverse, cambiar y metamorfosear, sino también un
recordatorio de que nunca estamos estancados, de que,
siempre y cuando entendamos que la energía quiere moverse, podremos tomar decisiones diferentes y llevar a cabo
nuevas acciones en todo momento. Incluso cuando no entendemos cómo y cuándo cambiará la situación, lo que es,
sin duda, verdad es que, si mantenemos el mismo comportamiento y pensamientos, seguiremos teniendo idénticos
sentimientos, que nos encierran en los mismos patrones.
El dicho «La locura es hacer lo mismo una y otra vez y
esperar resultados diferentes» lo ilustra muy bien. Dar un
paso, cambiar algo, lo que sea, para romper el patrón, es
un movimiento clave hacia el poder cocreativo. Con que
recuerdes que nada deja de cambiar, puedes evitar repetir
los mismos patrones.

Así, percibirás las posibilidades de los distintos patrones que emerjan.

A continuación, vamos a pasar a la parte práctica y analizar distintas herramientas. Algunas pueden ayudarte a seguir siendo consciente de la multidimensionalidad y a trabajar dentro de ese contexto para modificar, limpiar, mantener y generar energía con el fin de que vivas en un estado equilibrado y permanezcas en contacto con la profunda complementación que organiza la realidad y respalda la creatividad. Otras te permitirán regresar al modo perceptivo cuando hayas caído en el pensamiento 3D, lo que le puede ocurrirle a cualquiera de vez en cuando, dado que la cultura dominante sigue funcionando desde esa perspectiva. Cuanto más tiempo pases en modo perceptivo y en entornos e interacciones que lo amparen, más se ampliará tu vibración en la realidad 3D del día a día. Así es como ocurren los cambios sistemáticos de forma orgánica y creativa.

Ceremonia y ritual

Las ceremonias y rituales pueden ser de gran ayuda para crear un receptor energético en el que cocrear de forma deliberada con el universo y hacer magia. Su propósito es despertar nuestra conciencia de los ámbitos sutiles de la multidimensionalidad y permitirnos tener una experiencia común de dichos ámbitos. En muchas culturas, uno de los objetivos explícitos de las ceremonias y rituales es recuperar la armonía dentro de cada individuo y en la comunidad. En otras palabras, se pueden considerar actividades que nos alinean con la geometría sagrada, la creatividad y el todo de la Fuente. Una ceremonia sería encender una vela, ponernos un traje concreto o establecer un entorno o espacio para prepararnos antes de hacer magia.

Limpiar tu espacio y energía

Algunas herramientas pueden ayudarte a «limpiar» la energía, esclareciendo el campo cuyo centro eres tú. Del mismo modo que utilizas disolventes y desinfectantes para limpiar tu espacio físicamente, hay potentes recursos para limpiarlo desde el punto de vista energético. Igual que tu espacio y tú podéis atraer elementos físicos como el polvo y el barro, cosas indeseadas, también puedes atraer cosas energéticas que tampoco deseas.

Por ejemplo, quizás hayas asimilado aspectos del mal humor de tu amigo al querer consolarlo y su tristeza o decepción te han acompañado a casa sin que te percates. Te has contagiado de una especie de gripe energética. Dado que tu campo energético y el suyo se han superpuesto mientras estabais en presencia el uno del otro, tus energías se han mezclado y ahora sientes (más o menos) lo que sentía él. O quizás sea él quien te ha visitado y ha dejado en tu espacio (tu hogar o despacho) parte de su mal humor.

Igual que una enfermedad física es contagiosa,
también lo es la inquietud energética.

¿Cómo puedes limpiar la energía, ya sea en tu espacio o la tuya propia? Por supuesto, puedes hacerlo en cualquier momento, sientas o no que algo va mal, pero a largo plazo te será útil aprender a entrar en sintonía y evaluar si necesitas limpiarla o aclararla. En primer lugar, debes ser consciente de tu energía y de la que te rodea para que puedas reconocer cuándo algo no se alinea contigo.

Cambiar al modo perceptivo para evaluar tu energía, emociones y cualquier otra cosa que surja puede convertirse en parte de tu rutina, igual que analizas tu cuerpo físico para ver qué necesidades debes satisfacer. Cuando notes que algo va mal, puedes entrar en sintonía con los aspectos sutiles y energéticos de tu ser para ver qué necesita volver a equilibrarse, igual que piensas en qué hacer cuando crees que te has resfriado.

Hay muchos métodos y herramientas que puedes usar para limpiar la energía. Que elijas uno u otro es decisión tuya, ya que ninguno es mejor que los demás. No obstante, algunos se han empleado tradicionalmente a lo largo de la historia en muchas culturas distintas, lo que podría indicar su poder y eficacia.

Echemos un vistazo.

Sahumar

Quemar salvia seca o cualquier otra hierba o resina, lo que se conoce como sahumar, es uno de los métodos más comunes para limpiar espacios y a nosotros mismos de energías negativas. De esta manera, usamos el humo para «limpiar» la energía. Seguro que ya lo has presenciado en iglesias, donde el incienso arde por esta razón.

El método más conocido es quemar salvia blanca y seca. La salvia procede de la planta del mismo nombre, que deriva del latín *salvere* («sanar»). Además de limpiar la energía negativa, esta técnica se ha usado tradicionalmente para potenciar la sanación y la sabiduría.

En el caso de la salvia, las hojas secas se atan juntas en un manojo. Éste se enciende en un extremo, pero la llama se apaga con rapidez para que el manojo sólo desprenda humo. Después, se utiliza para limpiar la energía caminando de un lado a otro alrededor de la habitación o la persona y esparciendo el humo por todas partes.

Cuando los olores son muy fuertes, nos permiten acceder con gran detalle a recuerdos en apariencia olvidados. Un olor puede ser una herramienta muy eficaz para entrar y permanecer en modo perceptivo. Quizás asocies un olor concreto a la práctica con la que fortaleces tu conciencia. Sólo con encender un matojo o incienso al volver a casa o antes de acostarte puedes establecer una rutina de limpieza que, además, proporcione el extra de añadir algo bonito a tu experiencia diaria.

Sonido

Dado que todo es energía y la energía existe como vibración, puedes usar sonidos para limpiar espacios y a ti mismo de energías negativas. Igual que la técnica de sahumar, desde hace miles de años y en distintas culturas, se usaban las vibraciones sonoras para las limpiezas. Algunos de los métodos más conocidos incluyen las campanas o cuencos tibetanos, las entonaciones, las canciones, los cánticos y otras formas de música.

Aunque los cuencos y las campanas son bonitos, puedes usar cualquier cosa que emita un ruido armonioso o que resuene contigo. Prueba a tintinear una copa de vino vacía, tocar un tambor, golpear una mesa, aplaudir, tocar una campana o usar la voz. Básicamente, lo que deseas es romper la energía existente en un lugar (a tu alrededor o dentro de ti) y hacer que se mueva para que pueda adoptar un patrón nuevo y más armonioso que se alinee con tu bienestar.

Hay muchos instrumentos de afinación que vibran a una frecuencia específica para estimular la armonía y la sanación. Por ejemplo, puedes usar un diapasón que resuene a 528 Hz, lo que se cree que ayuda a reparar el ADN. Igual que con los olores, puedes asociar sonidos con la práctica del modo perceptivo para ampliar dicha técnica y potenciar la función del sonido.

Cristales

Los cristales se han usado a lo largo de la historia como potentes limpiadores y apoyos energéticos, tanto en lugares físicos como para la energía personal. Los cristales son formaciones sólidas de moléculas que se han organizado en ciertos patrones repetitivos. Son ejemplos maravillosos de las muchas formas hermosas que puede generar la geometría sagrada. La sal común es un ejemplo que todos conocemos, igual que la nieve. Cada cristal tiene una formación específica y, por lo tanto, una vibración única. Lo interesante es que estos cristales se forman en estados caóticos (¿te resulta familiar?), a veces en un aparente caos líquido y otras en uno más dinámico de calor y presión.

Muchas personas atribuyen a los cristales, entre otros, grandes poderes sanadores. Aunque existen ciertas características y cualidades asignadas a cristales específicos, el uso de los cristales es muy personal. Recuerda que las energías crean cualidades o propiedades a medida que interactúan de forma interdependiente: la vibración de cada persona puede ampliar distintas cualidades en la energía de un cristal. Puedes elegir uno tomando como base una investigación o dejarte guiar por la intuición. Coger el que te hable, te atraiga o simplemente te parezca el más bonito es una buena manera de elegir. Si accedes al modo perceptivo, conseguirás una mayor conciencia del potencial del cristal que apoyará tu sanación o te permitirá hacer magia.

Los cristales se pueden llevar en el cuerpo como joyas o colocarse en nuestros hogares y espacios para respaldar su energía.

Intención

Aunque los métodos anteriores pueden ser herramientas potentes para ayudarte a limpiar la energía que hay en ti y en tu espacio, puedes hacerlo sin ninguno de ellos. Igual que los magos y los hechiceros usan el poder de su intención, junto con palabras, para alterar la naturaleza de su realidad, tú puedes hacer lo mismo. Utiliza tu atención y palabras para dirigir la energía que está dentro de ti y a tu alrededor. Puedes limpiar tu propio campo energético o el espacio que te rodea al dirigir la energía con la visualización y la imaginación. Para conseguir más poder, puedes usar palabras. Lo único que necesitas es mostrarte consciente, inquebrantable y seguro. Recuerda que cuanto más centres tu atención, más poderosas serán tus capacidades mágicas. De hecho, emplear la atención en tándem con cualquier otra herramienta puede ampliar su efecto limpiador, sanador o esclarecedor. Además, operar desde el modo perceptivo aclarará y fortalecerá tu intención.

Por ejemplo, imagina que eres una gigantesca aspiradora que va a absorber cualquier cosa que no te sirva de tu campo o espacio. Para dejar clara tu intención, anuncia en voz alta lo que estás haciendo. Las palabras son contenedores de energía y, al decir lo que estás haciendo, le dan más poder aún a tu intención.

Podrías decir: «¡Exijo [recuerda que eres un mago poderoso con una convicción inquebrantable] que todo lo que no me sirve ni me aporta un bien mayor me abandone y se marche de este espacio ya!». Para dejar claro que lo dices en serio, puedes añadir: «Exijo que todo (en cualquiera de mis cuerpos, mi espacio o mis células, en cualquier dimensión, tiempo, lugar o área) que tenga un tipo de efecto sobre mí que no me aporte un bien mayor o contribuya a mi bienestar óptimo… me abandone ya».

Como ser multidimensional que entiende que la magia procede de tu relación con la realidad multidimensional del universo, quieres ser tan inclusivo como te sea posible a la hora de nombrar todo lo que crees que tiene influencia sobre ti. No sólo aquí, en tu cuerpo físico, sino también en el emocional, mental o espiritual. No sólo aquí, en la Tierra, sino también en cualquier otro sitio. No sólo ahora, sino a lo largo de tu vida, tu pasado, presente y futuro.

A veces, muevo las manos y los brazos a mi alrededor para alejar la energía de mí y lanzarla lejos. Me imagino que estoy barriendo, fregando, pasando la aspiradora o sacudiendo la energía lejos de mi espacio. A veces, salto, bailo o muevo el cuerpo para permitir que la energía me abandone. En otras ocasiones, doy vueltas para expulsar la energía de mi persona. En otros casos, uso unas tijeras imaginarias para cortar las cuerdas energéticas entre los otros y yo mismo. También me siento inmóvil y lo hago todo en silencio.

Puedes llevar a cabo esta práctica como desees. Lo más importante es que tengas una intención fuerte, clara y centrada. La maravilla de trabajar con la energía así es que puedes hacerlo en cualquier parte y momento. No tienes que esperar a acceder a las herramientas como la salvia, las campanas o los cuencos tibetanos, los cristales, etc. Eres un mago poderoso que controla su propia energía. Y recuerda que la alegría es un indicador de que te estás alineando con tus poderes creativos y los del universo. Si bailar como un loco o aullar mientras lo haces te aporta sensación de felicidad, has encontrado una gran manera de expresar y ampliar tu intención para mostrarte tan completo, poderoso y creativo como te sea posible.

Protegeros a ti y a tu espacio

Hemos visto por qué y cómo limpiar energías negativas de nosotros mismos y nuestro espacio cuando se necesite. Ahora estudiaremos cómo establecer protecciones para que no tengas que hacerlo con tanta frecuencia o incluso nunca.

Igual que nos protegemos físicamente de gérmenes, virus, temperaturas extremas y cosas que podrían producirnos algún daño, protege tu parte energética para que otros o tu entorno no influyan en ella. Lleva puestos cristales o cualquier otra cosa elaborada con este propósito.

También emplea el poder de la imaginación y visualiza cómo establecer una barrera entre el campo y cualquier cosa fuera de él. Esta barrera puede ser una burbuja de preciosa luz (blanca, plateada, dorada u otro color que intuyas) o estar compuesta totalmente de espejos para que, en tu imaginación, rebote todo lo que se acerque y no te sirva para un bien mayor. Es un método excelente del que te puedes valer mientras estás en modo perceptivo. Incluso lo de la burbuja se puede convertir en parte de tu rutina habitual, justo antes de comenzar tu retorno al ámbito 3D.

Y misma, cuando entro en un espacio en el que hay mucha gente, suelo acordarme de «ponerme el escudo». Como ser altamente sensible e intuitivo, sé que puedo asimilar energía de los demás, por lo que de manera consciente me coloco las protecciones. Visualizo espejos a mi alrededor, o me imagino en una enorme burbuja a través de la que puedo ver y moverme, pero en la que nada puede penetrar si no se alinea con mi vibración.

Meditación

A lo largo de este libro he hecho referencia varias veces a la meditación como una herramienta potente que se puede usar cuando queremos ir más allá de la mente pensante y lineal. Además del modo perceptivo y los ejercicios de entrar en sintonía que hemos aprendido en este libro, otras prácticas meditativas incluyen rezar y visualizar. Todos estos métodos pueden ayudarte a ralentizar la actividad cerebral, dando como resultado un potente cambio en tu energía. Puedes usar incluso el modo perceptivo como senda hacia el espacio donde deseas rezar, visualizar o trabajar con colores y mantras.

Cuando estés de mal humor, ralentizar o cesar lo que estés haciendo puede ser muy eficaz: descubrirás que es uno de los métodos más rápidos para cambiar tu energía (y, con eso, tu enfoque, emociones y pensamientos). Incluso respirar hondo varias veces puede hacer maravillas cuando te sientas estresado, ansioso o enfadado. Si te sumerges en el modo perceptivo como parte de este proceso, quizás incluso reconozcas que algo del presente ha desencadenado algo del pasado en tu subconsciente. Así, logras un doble beneficio: alejarte del caos y alcanzar la conciencia que te permitirá sanar en el momento.

Meditación guiada

Muchas herramientas y métodos están disponibles para ayudarte a perfeccionar tu meditación. Algunas personas prefieren meditar en una calma absoluta, mientras que a otras les gusta escuchar sonidos o música relajante o usar meditaciones guiadas. Personalmente, me gustan estas últimas, las que combinan música y palabras habladas y guían con suavidad mi atención y conciencia lejos del mundo para adentrarme en los ámbitos del subconsciente y el alma. Tu experiencia con el modo perceptivo ya te habrá proporcionado una idea del valor de la meditación, y quizás descubras que entrar en modo perceptivo como una práctica preliminar para más meditaciones estructuradas ampliará tu experiencia.

Comienzo cada mañana con una (breve) meditación guiada de unos veinte minutos. Lo hago justo después de levantarme. Básicamente salgo de la cama, envuelta en una manta o algo con lo que mantenerme caliente, me siento en el sofá, me pongo los AirPods en los oídos y activo la meditación. Decido no meditar en la cama porque sería demasiado fácil volver a quedarme dormida. Llegar hasta el sofá y sentarme allí son claras señales para mi cuerpo y mi mente de que vamos a empezar el día y estamos haciéndolo con una práctica de *mindfulness*. Uso un suave antifaz para bloquear toda la luz, lo que me facilita adentrarme en mi mundo interior. Dado que utilizo un antifaz y unos auriculares, puedo meditar en cualquier lugar, incluso mientras viajo. Mi hijo está acostumbrado a verme así, e incluso los gatos se han habituado a que no estoy disponible durante la primera media hora después de levantarme. A menudo, uno de ellos se sube a mi regazo y se tumba allí durante la meditación.

Utilizo distintas meditaciones guiadas, unas más breves y otras más largas (de sesenta a noventa minutos). Dado que no siempre deseo dedicarles tiempo a las más largas, convertí en parte de mi rutina diaria empezar con al menos veinte minutos después de levantarme. He descubierto que pasar así ese tiempo al comienzo del día hace que me mantenga equilibrada, feliz y saludable. Duermo incluso mejor por las noches y siento que puedo lidiar con todo lo que aparece en mi camino con mayor facilidad, elegancia y humor.

A menudo hago una más larga por la tarde o durante el fin de semana, cuando me centro menos en mi trabajo.

Meditación en movimiento

No tienes por qué sentarte inmóvil para entrar en un estado meditativo. Recuerda que el objetivo de la meditación es ir más allá de tu mente lineal y pensante para que tu cerebro se pueda ralentizar. Aunque sentarte y cerrar los ojos ayuda a alejar tu atención del mundo exterior y entrar en el ámbito interior, no es necesario. Puedes alcanzar ese estado de *mindfulness* mientras haces cualquier otra cosa: caminar, bailar, dibujar, escribir, pintar, fregar los platos, cepillar al gato o plantar flores. Cualquier acción que tenga ritmo y sea repetitiva puede funcionar bien para esta meditación en movimiento. Puedes considerar a dichas acciones geometría sagrada en movimiento. Descubre las proporciones de movimiento y silencio que funcionan en tu caso o siente el ritmo y los patrones que emergen al hacer algo totalmente consciente.

Me encanta meditar mientras paseo. Me parece que, cuando el cuerpo se mueve a un ritmo constante, no necesito pensar de manera consciente en nada, y es fácil permitir que la mente se relaje y se produzcan pensamientos intuitivos que fluyen con libertad. Suelo salir a primera hora de la tarde a pasear de esta manera, vagando por el vecindario, con los cascos puestos, música y un momento íntimo con mi espíritu. Por supuesto, ejercitar mi cuerpo es un extra.

Algunas formas de yoga se pueden considerar también «meditación en movimiento». La palabra «yoga» deriva del sánscrito y significa unión o equilibrio. En yoga, pretendemos crear la unión entre el cuerpo, la mente y el espíritu a través del control de la respiración, una serie de posturas y un estado mental meditativo. La fluidez del flujo y las transiciones entre posturas invitan a la mente consciente a alejarse del mundo mientras la respiración la guía hacia el interior a un estado de plena conciencia.

Meditar con los ojos abiertos

Como hemos visto antes, los mandalas se llevan usando desde hace siglos como una herramienta de meditación. La naturaleza no conceptual de los diseños los convierte en una herramienta potente más allá de la mente consciente. Es importante usar imágenes no conceptuales o impulsos visuales, es decir, nada reconocible para la mente lineal y dependiente de la palabra. Al no haber imágenes, éstas no evocan respuestas emocionales que deriven de las experiencias que hemos vivido. No hay bonitos cachorros que nos recuerden a las mascotas de la infancia ni personas que nos devuelvan a entornos románticos. Tampoco hay amaneceres o flores que provoquen asociaciones 3D convencionales de mortalidad o algún tipo de pensamiento dualístico que pueda ver una preciosa planta en flor como hierba y rechazar su belleza porque se juzga como «mala». Cuando miramos a algo que no tiene una relación directa con una experiencia o hábito de juicio dualístico en nuestra vida, la mente se puede relajar y dejar paso a nuestra consciencia para que se expanda hacia el espacio vasto e infinito del espíritu, la nada o el campo cuántico.

La geometría sagrada puede hacer ese tipo de cosas. Por ejemplo, los mandalas son una manera de meditar con los ojos abiertos porque son imágenes no conceptuales que invitan a la mente pensante a dar un paso atrás. La geometría sagrada habla directamente al subconsciente a medida que reconoces de manera inherente los elementos de la imagen como un reflejo de la arquitectura divina que se encuentra detrás de todo. Lo único que tienes que hacer es mirar con dulzura las imágenes y dejar que el pensamiento intuitivo fluya. Puedes encontrar más información sobre la geometría sagrada y mi relación con ella en la sección «Recursos» al final del libro.

Creatividad

La creatividad es la capacidad para crear. Como proceso interior, hace referencia a la habilidad para desarrollar nuevas conexiones entre aspectos a menudo ocultos o sin relación, y generar soluciones, conceptos y expresiones originales de significado y experiencia. Como proceso exterior, es la capacidad para transformar pensamientos, ideas y sueños en algo tangible y real. Ambos tratan sobre la dinámica de la energía (cómo fluye, se transforma y cambia). Si recuerdas que somos más capaces de percibir esta dinámica con la conciencia intuitiva que surge del modo perceptivo, puedes elegir convertir dicho modo en parte de tu proceso creativo.

Cuando accedemos a nuestra creatividad, lo hacemos al flujo de energía de nuestro interior, así como a la conexión entre nosotros y algo más grande, lo divino o el espíritu. Muchos artistas y escritores afirman que sus creaciones parecen emerger de algún lugar fuera de ellos y que sólo son canales a través de los cuales fluye la energía creativa. Por lo tanto, la creatividad puede usarse para cambiar nuestro humor, cómo nos sentimos y lo que pensamos. Cuando nos permitimos fluir a la hora de escribir, llevar un diario, dibujar, pintar o cualquier otra forma de expresión creativa, podemos ir más allá de nuestra mente pensante, igual que en la meditación.

Una forma poderosa de práctica creativa es involucrarse en una creatividad libre y sin estructura en la que la intención sea captar una «sensación» más que un «objeto». Se hace dejando que la mano se mueva, sin preocuparse por lo que se está escribiendo o dibujando. Quizás incluso desees incorporar esta clase de movimientos en el modo perceptivo para ver qué emerge sobre el papel mientras observas lo que surge al realizar esta práctica. De este modo, la energía fluirá a través de ti, sin límites ni dirección.

Mover la energía dentro de tu cuerpo

A veces nos quedamos estancados en una emoción o humor. Dado que las emociones son energía en movimiento, podemos modificarlas haciendo que, de forma literal, la energía se mueva. Incluso cuando nos sentimos totalmente paralizados por el miedo, dominados por la depresión o encerrados en la tristeza, podemos acordarnos de que al mover el cuerpo siempre se moverá nuestra energía. ¡Siempre! Mover algo, cualquier cosa, es mejor que permanecer estancados en una sensación que no nos gusta.

Para mover tu energía, puedes salir a correr, pasear o montar en bici, ir al gimnasio, asistir a una clase de yoga o bailar. Sin embargo, la manera más rápida de que fluya es levantarte y mover el cuerpo. Puedes saltar, agitarte, bailar, girar, brincar o hacer lo que te haga sentir bien. No lo pienses, sólo muévete. Puedes hacerlo en cualquier lugar, en cualquier momento. Incluso aunque te encuentres en una obligación profesional, una presentación, un taller, una reunión, un centro comercial o una fiesta. Busca un baño, cierra la puerta y haz lo que ayude a tu energía a moverse.

Salir de un ataque de pánico

Hay técnicas que todos podemos llevar a cabo cuando el miedo nos golpea con fuerza en un momento dado, como en un ataque de pánico. Lo primero es respirar hondo. Centrarnos en nuestra respiración nos devuelve al presente y abre el camino de vuelta al modo perceptivo, donde reconoceremos nuestra alma.

En segundo lugar, para devolvernos al presente, podemos buscar lo siguiente en nuestro entorno:

♦ Cinco cosas que se puedan tocar.

♦ Cuatro cosas que se puedan ver.

♦ Tres cosas que se puedan oír.

♦ Dos cosas que se puedan saborear.

♦ Una cosa que se pueda oler.

Esto involucrará nuestros cinco sentidos y nos anclará en el ámbito físico y corporal. Nos ayudará a alinear nuestra experiencia 3D con nuestra conciencia en modo perceptivo. Nuestra intención debería ser simplemente centrar la atención en nosotros por el momento y el proceso de localizar estas cosas ayudará a nuestra mente a centrarse en algo que no sea el miedo.

Gratitud

Es probable que una de las herramientas más potentes para cambiar nuestra energía y, con ella, nuestro humor, comportamiento y lo que atraemos como resultado sea sumergirnos en un estado de gratitud. Es poderosa porque la verdadera gratitud procede de la sensación de que ya estamos recibiendo algo por lo que dar las gracias. Es imposible sentirla sin notar que estamos recibiendo lo que sea que nos hace sentir agradecidos.

La gratitud es el estado definitivo
de la recepción.

Nuestros pensamientos y sentimientos son la lista de deseos que enviamos al campo cuántico, así que estar agradecidos por lo que tenemos es una señal para que el universo nos aporte más de lo mismo. Podemos incluso ir un paso más allá y estar agradecidos por lo que no tenemos todavía, ya que, si mantenemos la vibración de la sensación de gratitud, la señal será la misma. La ley de la atracción, que afirma que los iguales se atraen, no diferencia entre lo que ya ha ocurrido y lo que nos imaginamos que sucederá. Cuando te sientas feliz o realizado con tu visión, la energía que estás generando será la misma que cuando te sientes feliz o realizado con la auténtica consecución de esa visión. El campo cuántico responde a tus pensamientos y sentimientos, a la energía que emites, no a la manifestación.

Dado que nos movemos más allá de los juicios dualistas y la organización lineal del tiempo en modo perceptivo, quizás descubramos que es más fácil y eficaz practicar la gratitud si nos alineamos con las energías sutiles de la multidimensionalidad.

Afirmaciones

Las afirmaciones son frases positivas (leídas, dichas o interiorizadas) que se construyen sobre la creencia en nosotros mismos al abordar los pensamientos limitantes que se guardan y entierran en nuestra mente subconsciente. Igual que podemos entrenar un músculo físico para que se vuelva más fuerte y adopte una forma más saludable, podemos entrenar y remodelar lo que creemos sobre nosotros mismos, de manera que potenciemos nuestra confianza, creatividad y productividad. Recuerda que es más fácil percibir los pensamientos y creencias limitantes que residen en nuestro subconsciente cuando estamos en modo perceptivo, por lo que quizás te resulte más eficaz elegir o componer afirmaciones desde esa perspectiva.

Las frases que empiezan con «soy...» pueden ser muy transformadoras, ya que desvanecen los bloqueos mentales y emocionales que frenan nuestra capacidad de generar profundas realizaciones y éxitos en áreas de la vida como las relaciones, la salud, las finanzas o el trabajo. Sin embargo, no basta con pronunciar en voz alta estas frases. Recuerda que la firma energética que envías al campo cuántico es una combinación de tus pensamientos y sentimientos. Para que tu afirmación sea más potente, no sólo debes decir en alto las palabras para que tu mente se involucre, sino que necesitas sentir lo que estás diciendo como algo verdadero y, por lo tanto, real. «Soy querido» no funciona si no sientes el amor. «Soy saludable» no es eficaz si no te sientes así. Para alinear los sentimientos con esas frases, imagínate que eres lo que afirmas. Igual que atraes a personas y circunstancias que se alinean con tu visión integrada, las frases que empiezan con «soy...» necesitan estar integradas en todo lo que eres y sientes. Descubrirás que las afirmaciones dichas, leídas o interiorizadas mientras estás en modo perceptivo resuenan mejor y tienen más poder.

La geometría sagrada es una herramienta visual de afirmación que apoya la integración profunda de cualidades humanas fundamentales con nuestra forma de ser. Aún mejor, una imagen compuesta de geometría sagrada combinada con una frase que empiece con «soy...» activa la mente consciente y el subconsciente al mismo tiempo: la afirmación aborda a ambas en el modo lineal de las palabras, mientras que la imagen aborda al subconsciente de una manera multidimensional.

Mind Movies

Para expandir el poder de las afirmaciones, en concreto las visuales, me gustaría presentar una herramienta en línea que puede apoyarte día a día a la hora de crear y manifestar tus deseos. Mind Movies es una plataforma que ofrece recursos para desarrollar vídeos cortos que están diseñados para llevar la mente al modo superior de «manifestación» con sólo unos minutos de diversión al día. Piénsalo como un «tablero de sueños» en vídeo y digital, repleto de afirmaciones positivas, imágenes inspiradoras y música motivadora.

La manera en la que funciona Mind Movies es fácil y divertida:

1. Crea tu propio Mind Movie personalizado usando el sencillo *software* de creación (cualquiera puede hacerlo y sólo te llevará unos minutos).

2. Observa tu Mind Movie y la tecnología de visualización y programación reprogramará de manera natural tu subconsciente para que esté en consonancia con tus sueños y deseos.

3. Así, tu mente subconsciente trabajará de forma automática para manifestar en la realidad los resultados que deseas de manera que puedas vivirlos.

Créalo. Míralo. Vívelo.

Si quieres experimentar tú mismo cómo funciona, visita www.mindmovies.com

Perdón

El perdón es otra poderosa herramienta para modificar nuestra energía y dejar paso a nuevos pensamientos y creencias que llevan a nuevos hábitos y formas de ser.

El perdón es el proceso de dejar ir
de manera intencionada emociones
sobre otros o nosotros mismos que
nos limitan o incomodan.

Las e-mociones son energía en movimiento y, como parte del proceso de perdón, movemos y desprendemos la energía que nuestros sentimientos mantienen encerrada en nuestro cuerpo. Procesar de forma inadecuada cualquier emoción significa que no se ha movido con libertad por el cuerpo hasta salir. En su lugar, ha permanecido en alguna zona de dicho cuerpo, causando un bloqueo en el flujo de energía. Al final, esto puede causar una gran incomodidad e inquietud. Sedimentamos emociones (por lo que no fluyen) cuando las etiquetamos o juzgamos. Renunciamos a nuestra capacidad de hacer que se muevan y de desprendernos de ellas cuando les asignamos una causa alejada de nosotros mismos, ya sea una persona o una situación. Cuando perdonamos a los demás, también reconocemos nuestro rol como creadores de nuestra experiencia, lo que nos empodera para liberar los bloqueos y restaurar el flujo de energía en el presente.

Al permitir que esta energía «estancada» fluya y nos abandone, dejamos espacio para algo nuevo: pensamientos, percepciones, sentimientos y, en última instancia, formas de ser.

Perdonar es un proceso muy personal e individual. Nadie puede hacerlo por nosotros. Nadie, excepto uno mismo, recibe la recompensa del verdadero perdón. Perdonar de corazón desprende una sensación intensa de libertad y liberación, lo que puede resultar muy transformador y dar lugar a un nuevo crecimiento. Una de las dificultades de perdonar es liberarnos de la costumbre dualista del juicio. Dado que vamos más allá del dualismo cuando entramos en modo perceptivo, nos resultará más fácil y natural perdonar desde ese espacio.

Ho'oponopono

Ho'oponopono es una antigua técnica hawaiana del perdón. El término significa «hacer que las cosas avancen para equilibrarse» o «hacer que las cosas vayan bien». Originariamente, quizás tenía relación con los ancestros, la tierra o las personas con las que nos relacionábamos, incluidos nosotros mismos. Consiste en pronunciar cuatro frases sencillas pero poderosas, dirigidas al perdón. Estas líneas representan las energías de renuncia, perdón, gratitud y amor.

El proceso reconoce que somos siempre el centro de todo lo que se desarrolla dentro y fuera de nosotros. Somos el punto de atracción y, por lo tanto, los responsables, los encargados y los que controlamos la forma de lidiar, procesar y resolver todo lo que ocurre en nuestra vida. Lo que nos sucede no importa tanto como lo que hacemos con dicho acontecimiento. Incluso lo que parece ocurrir «fuera» de nosotros puede resolverse «dentro».

Ho'oponopono es un proceso poderoso que equilibra la experiencia interior y la exterior, y lo bonito es que no requiere que haya nadie más con nosotros; podemos hacerlo solos, por nuestra cuenta. No necesitamos que nadie nos escuche. «Pronunciamos» las palabras en alto o mentalmente, visualizamos a la persona o situación y a nosotros mismos en relación con ellas.

Las palabras son simples:

1. Siento… (completar con aquello por lo que se quiera pedir perdón).

2. Por favor, perdóname.

3. Gracias.

4. Te quiero (o siéntete querido, estás a salvo).

Llevar en nuestro interior resentimiento, enfado o dolor pasa factura a nuestro bienestar, con independencia de que dirijamos esos sentimientos hacia alguien o la culpa y la vergüenza que sintamos proceda de algo que hemos hecho nosotros. Podría ser por no comer de manera saludable, beber demasiado, no realizar ejercicio, no dormir lo suficiente o ser desagradables con nuestros perros, hijos, amigos o el mundo (cualquier cosa en la que quieras centrarte).

Oráculos de cartas

Los oráculos de cartas expresan el deseo de los humanos de entrar en contacto con lo divino y su propia intuición, que sirve de vínculo con lo divino. La humanidad ha buscado directrices durante mucho tiempo en los oráculos, ya fueran objetos (*I Ching*, augurios, lectura de hojas de té o runas) o personas. En la antigua Grecia se creía que las sacerdotisas ofrecían profecías que eran mensajes de los dioses. Se las conocía como oráculos, mujeres sabias inspiradas por los dioses que podían dar consejos o predecir el futuro. A menudo, estos consejos eran misteriosos, como guías divinos que no seguían las reglas del lenguaje común y la comunicación en términos lineales o lógicos. Después de todo, un guía divino emerge de la realidad multidimensional, por lo que la divinidad habla en el lenguaje sutil de ese ámbito, a través de imágenes, metáforas, acertijos e intuición. No hace falta explicar que es muy probable que entendamos lo que quiere decir el oráculo si nos encontramos en el mismo ámbito, por lo que entrar en modo perceptivo nos prepara para leerlo.

En nuestra trayectoria a lo largo de este libro, hemos descubierto que el universo (o Dios, el espíritu, lo divino y la Fuente) se comunica con nosotros a través de la intuición, y debemos traducirlo y dar significado a las señales que proceden de los ámbitos espirituales. Conectamos con la Fuente a través del modo perceptivo, no por medio del razonamiento. Las cartas del oráculo pueden catalizar ese cambio y ayudarnos a respaldar esa experiencia.

Los oráculos de cartas se diseñan para usarse de manera intuitiva, por lo que entrar en modo perceptivo antes de trabajar con ellos nos ayudará a captar mejor las posibilidades que ofrecen. Ya sea extrayendo una carta o varias, haciendo una pregunta o siguiendo una tirada concreta, las cartas pretenden ofrecernos una perspectiva, sugerencia o reflexión, una pequeña percepción para que la contemplemos mientras seguimos con nuestro día. Los oráculos de cartas pueden ayudarnos a percibir cómo un desafío crea una oportunidad. Así, una carta específica quizás nos empuje a ver que lo que percibimos como una limitación u obstáculo puede en realidad convertirse en una solución o respuesta transformadora. Siempre. Ésa es la dinámica complementaria a través de la que opera la magia, la dinámica que se encuentra en el centro del universo y procede de la cocreación.

Los oráculos de cartas hacen que el potencial y las posibilidades sean perceptibles. Los que he creado se basan en la geometría sagrada, de manera que resuenan con el alma y el subconsciente. Además, uso simbología, colores, números y formas (todos los «sistemas» que sirven de mapas multidimensionales para navegar por la vida en el mundo físico). Es más, esos sistemas operan desde el principio de la complementación, la dinámica fundamental de la magia.

Puedes encontrar más información sobre mis barajas de cartas al final del libro (o en mi página web https://lon-art. com).

Herramienta transformadora

Como última herramienta y recurso para respaldar tu trayectoria hasta convertirte en un Merlín moderno en total cocreación con el universo, te ofrezco la Herramienta transformadora para el Merlín moderno, una serie de plantillas que integran todo lo que hemos descubierto juntos en un modelo que te ayudará a dar sentido a lo que te ocurre en la vida, a entender quiénes y qué cosas aparecen en ella, así como su porqué, y a aprender a alinearlo todo con la visión que tienes de ti mismo. Te invito a usar esta herramienta con frecuencia y cada vez que sientas que tienes una creencia limitante que no se alinea con tu visión. La Herramienta transformadora te ayudará a cambiar esa creencia limitante y a fortalecer e intensificar aquellas que sí respaldan tu visión.

Encontrarás la Herramienta transformadora para el Merlín moderno en la sección con dicho nombre.

Entrar en sintonía

Elige cualquiera de las herramientas o prácticas descritas en este capítulo y pruébala mientras estás en modo perceptivo.

Considera usar un diario como una especie de cuaderno de bitácora en el que registres tu exploración de las herramientas. Puedes considerarlo un diario de exploración.

Una plantilla básica para una entrada de registro puede incluir respuestas a estas preguntas:

◆ ¿Qué práctica o herramienta has elegido?

◆ ¿Qué acontecimiento o experiencia fue el catalizador para que probaras la herramienta o práctica?

◆ ¿Qué has aprendido en tu sesión práctica?

◆ ¿Cómo puedes aplicarlo en tu vida, tanto en cuestiones importantes como triviales? (¡Asegúrate de incluir cada detalle!).

Te puede resultar especialmente útil anotar la manera en la que esta herramienta o práctica te ha servido de ayuda para reflexionar sobre tu experiencia:

◆ ¿Te ha parecido una buena opción?

◆ ¿Te ha aportado alguna percepción sobre tus reacciones habituales o la forma en la que percibes tu experiencia?

◆ ¿Te ha ayudado a cambiar las reacciones habituales por respuestas que muestren una mayor conciencia de la situación y tu verdadera capacidad para participar en dicha experiencia?

♦ ¿Qué clase de problemas explorarás y abordarás con esta herramienta o práctica?

Descubrirás que, cuantos más detalles añadas a las descripciones de la experiencia que te ha empujado a usar esa práctica o herramienta, mayor percepción adquirirás de la experiencia y el valor de la práctica. Y quizás puedas fortalecer tus habilidades usando la herramienta si escribes sobre el proceso de esta sesión experimental (cómo una percepción llevó a otra o cómo los cambios en tu cuerpo te empujaron a cambios más profundos en el sentido físico de tu bienestar). Revisar el proceso a medida que lo registras también amplificará la transformación que has experimentado.

Una posible plantilla

♦ Herramienta o práctica:

♦ Acontecimiento o experiencia:

♦ Lecciones o aprendizaje:

♦ Cómo pueden aplicarse:

♦ Reflexión:

♦ Detalles sobre la sesión:

EPÍLOGO

Aquí estás. Has transitado a lo largo de este libro y ahora te encuentras aquí, en un punto que puede definirse como el final. Sin embargo, en una realidad multidimensional, todo coexiste en una relación complementaria con su opuesto. Así, este hito en tu camino significa tanto un final como un nuevo comienzo, el de la continuación de tu trayectoria hasta que domines tu magia. Este camino no dejará de evolucionar y desarrollarse.

He escrito este libro no sólo para ti, sino también para mí. Difundir aquello que sabemos, integrar nuevas perspectivas y cambiar hábitos y comportamientos es un viaje vital que nunca acaba para nadie, ni siquiera para mí. Todos tenemos días en los que nos sentimos más generosos que otros a la hora de implementar nueva información en nuestra forma de ser y actuar. A veces nos adentramos en un flujo sin complicaciones, mientras que otras nos arrastramos por el fango, y «hacer lo correcto» no nos parece posible. Un buen ejemplo sería que, aunque sepamos que deberíamos tomar alimentos saludables, como humanos, a veces se nos olvida o simplemente sentimos que no podemos conseguirlo y acabamos cayendo en la tentación.

La trayectoria humana está constituida por imperfecciones perfectas. Es la consecuencia de nuestro ser energético en un cuerpo físico en la Tierra. Todos estamos aquí para aprender y volvernos versiones amplificadas de nosotros mismos, para desarrollarnos infinitas veces, sin dejar de explorar, descubrir y expandirnos hasta alejarnos del cuerpo físico y volver a la Fuente. Si supiéramos cómo hacerlo todo no estaríamos aquí (en la Tierra) y seguro que no necesitaríamos un libro como éste.

La naturaleza humana nos aporta un deseo de crecimiento y aprendizaje para volvernos mejores. También sentimos una gran ambición por descubrir herramientas que nos ayuden a crear vidas satisfactorias, que nos emocionen, mientras buscamos profundidad, razón y propósito.

Espero haberte proporcionado nuevas perspectivas y percepciones sobre la vida y cómo vivirla mientras fluye. Todos tenemos poderes mágicos, y lo único que necesitamos hacer es abrirnos a la conciencia de que estamos en un camino de descubrimiento y desarrollo infinitos hacia una relación cocreativa total con el universo.

Con amor, luz y magia,

Lon

UN ÚLTIMO APUNTE
DEL MUNDO ACADÉMICO

Durante el invierno de 2019, Lon me pidió que la guiara para crear un curso en línea con el que presentar el material de *Merlín moderno*, y de inmediato entendí el potencial transformador de la misión, no sólo para mí, sino también para cualquiera que se involucrara en el proceso que proporciona. Cuando Lon se percató de que los temas y conceptos centrales del curso necesitaban desarrollarse si iban a catalizar la clase de transformación que ella se había comprometido a presentar, contactó con su editorial. Ésta aceptó su propuesta y validó nuestra sensación de que la riqueza y resonancia de estas ideas y prácticas merecían la clase de tratamiento en profundidad que permitía un libro. El año siguiente, con su caos y complejidad, demostró lo importante que sería la publicación de *Merlín moderno*. De hecho, lo que tienes entre las manos es un completo libro de texto para el curso que emergió de la experiencia de Lon al crear sus oráculos de cartas y los retratos del alma. También influyó en él su trabajo facilitando el uso de estas herramientas para personas que deseaban transformar su comprensión de sí mismas y su papel en la creación de su experiencia en un mundo interdependiente, dinámico y de rápida evolución.

Escribir el libro nos ofreció la oportunidad de explorar de forma más completa las modalidades de percepción, pensamiento y creación que Lon había empezado a considerar al desarrollar su curso. Mientras escribíamos sobre ellas y la realidad multidimensional que revelan esas formas de mirar, supimos que necesitábamos hacer algo más que hablar de esa experiencia: debíamos catalizarla para el lector.

Nuestros primeros ejercicios eran meditaciones que lo llevaban hacia lo que hemos llamado «modo perceptivo», una manera de hacer que la intuición y las percepciones participaran como modos primarios de conocimiento. A medida que escribíamos varios capítulos sobre la magia, el tiempo, la realidad, la energía, el alma, la visión y el propósito, descubrimos que volver al modo perceptivo al final de cada uno era necesario si queríamos que las personas convirtieran en propias estas percepciones. Así, cada capítulo presenta conceptos (como magia o energía) que evolucionan hasta transformarse en caminos con los que explorar la multidimensionalidad. Luego, se cierra con una actividad diseñada específicamente para catalizar una experiencia que invita a los lectores a sumergirse en su propio camino hacia esta realidad emergente.

Para apoyar a Lon en la exposición de ideas y conceptos que suele enseñar de manera experimental en las consultas y presentaciones interactivas de las herramientas que ha creado, me adentré en mi pasión por la teoría general de sistemas, la psicoterapia integrativa, el budismo, el aprendizaje y la creatividad. Encontrarás metáforas y percepciones extraídas de estas áreas a lo largo del libro. Juntas, Lon y yo perfeccionamos nuestra comprensión de personas corrientes sobre la física cuántica y los ricos ejemplos y analogías que ofrece para expresar las ideas de Lon sobre la magia de la interdependencia, la cocreación y la transformación personal.

Fue muy emocionante encontrar un nuevo uso a mis años de enseñanza sobre la complementación dinámica y la teoría general de sistemas.

Además, descubrimos nuevas formas de presentar y aplicar esos modelos mientras buscábamos un lenguaje con el que expresar la percepción intuitiva de Lon sobre el significado de los cambios que observamos en nuestra vida. Adaptamos los conceptos de interdependencia, interconectividad y autotrascendencia del núcleo de la teoría general de sistemas para presentar su enfoque sobre la cocreación, la autotransformación y la contribución en la realidad multidimensional que ve emerger del aparente caos de nuestra época. Su visión sobre el potencial de creatividad que nace del caos redefine lo que muchos de nosotros vemos como señales de catástrofe. Para ella, son signos de transformación de una realidad más compleja, inclusiva y abundante que la que nos vemos condicionados a percibir.

Trabajar en este libro con Lon ha sido un catalizador para mi crecimiento y transformación. Si lo lees con el deseo de usar sus ideas y prácticas para guiarte en tu camino de la exploración y la autotransformación, este libro quizás tenga en tu persona el mismo efecto. Como cualquier peregrino que viaja a un nuevo territorio, con la atención dividida entre el misterio y una voz interior, vivirás en un mundo enriquecido con mayores posibilidades de las que nunca habrías imaginado cuando partiste. Tendrás una mejor comprensión de tu potencial infinito para colaborar en la realización de ese mundo de posibilidades.

DIANE YOUNG, *doctora*

La doctora Diane Young considera que la escritura sirve para la autoevolución porque anima a las personas a participar en pensamientos, aprendizajes y crecimientos creativos en múltiples situaciones distintas. Asesora en el desarrollo de temarios de cursos, colabora con escritores en la edición de ficción y no ficción, ilustra sus propios poemas y ficción y está escribiendo un libro sobre cultivar la creatividad.

AGRADECIMIENTOS

Para Kay, cuyo valiente compromiso con la verdad y el amor me aportó el coraje necesario para revelar mi magia.

Para Diane, cuyas directrices le dieron una estructura y una base al viaje.

Para Erika, cuyo apoyo inquebrantable me hizo sentir fuerte y amada de una manera incondicional.

Para Michele, quien me pidió que escribiera este libro para ella, de forma que lo que no era tan obvio pudiera verse y entenderse.

Para todas las otras almas bonitas que han tocado mi corazón y han encendido mi magia con la suya.

Y, por último, aunque no menos importante, para un mundo que se merece nuestra creencia en la magia.

RECURSOS

Lon Art: mandalas modernos

Uso la geometría sagrada para crear «mandalas modernos» que inspiran ideas originales y activan el pensamiento más allá del día a día para que puedas realizar cambios reales en tu vida. Todas mis creaciones abordan conceptos amplios que se encuentran en el centro de la experiencia humana: conceptos como la magia, el amor, la sanación, la abundancia, la conexión, la intimidad y la multidimensionalidad, entre otros. Estos conceptos son fundamentales en nuestra manera de crear el mundo, la vida y nuestras relaciones con los demás. Al sumergirnos en su esencia, podemos explorar nuestra relación con las cualidades que representan y cómo aparecen en nuestra vida.

Por ejemplo, para crear «abundancia», debemos entender qué significa para nosotros ese concepto, qué necesitamos para sentirnos «abundantes» y qué nos obstaculiza para no experimentarla. Esto se aplica a muchos conceptos a los que nos referimos de forma vaga como «deseables». A menudo, con una exploración más profunda, descubrimos que nuestras creencias son las que impiden que esos conceptos se hagan realidad. Todos queremos amor… pero muchos nos despertamos sintiendo que no lo merecemos. Esta sensación suele generarse por programas enterrados en el subconsciente. Estas creencias ocultas nos bloquean cuando intentamos hacer magia y crear los resultados que queremos en nuestra vida hasta que somos conscientes de ellos y los dejamos ir o los transformamos.

Retratos del alma

En el séptimo capítulo, hemos comentado que muchos de nosotros queremos experimentar la sensación de que tenemos un propósito superior en nuestra vida, de que contribuimos en el todo. Desarrollamos y evolucionamos nuestra conciencia de modos que nos permiten expresar ese propósito superior. Muchos tenemos la sensación de que estamos destinados a convertirnos en algo más importante de lo que somos ahora, de que nacimos para hacer algo concreto. Soñamos con nuestro futuro y lo que queremos crear. Establecemos objetivos. Nos obligamos a actuar y ser mejores, a marcar la diferencia y a dejar huella. Nos sentimos realizados cuando tenemos la sensación de que vivimos nuestra visión, el «propósito del alma».

Un retrato del alma es un espejo de tu alma.

Ya hemos visto que todos tenemos una energía o vibración muy específicas. Igual que un receptor de radio puede sintonizar la frecuencia de estaciones concretas, podemos entrar en sintonía con tu frecuencia, la que va más allá del cuerpo físico, tu «yo» que es multidimensional, vibratorio y está muy conectado, entrelazado y en cocreación con algo mucho más grande, es decir, tu alma. Podemos traducir tu «yo» multidimensional en una imagen con geometría sagrada que active tu conexión con tu alma y tu propósito aquí, en la Tierra. Sabrás que estás percibiendo una pizca de tu ser cuando tu subconsciente y tu alma te reconozcan en esa visión.

Dado que me expreso a través de la forma y el color y uso la geometría sagrada como manera de ver el mundo, se ha convertido en mi lenguaje visual. Tras haber desarrollado habilidades como artista gráfica, puedo traducir la visión de mi modo perceptivo en una expresión en el mundo 3D. Utilizo los principios de la geometría sagrada, formas, colores, numerología y simbología para crear una representación de otra persona en un lenguaje universal que va más allá de las palabras. El subconsciente y el alma entenderán de forma intrínseca dicho lenguaje, ya que éste se encuentra en el núcleo de nuestra esencia. Llamo a estas creaciones retratos del alma porque todos somos un reflejo multidimensional de un alma y su propósito.

Incluyo una detallada explicación del significado de cada retrato del alma, una descripción de la iconografía y una lectura de cómo se aplica todo al itinerario personal del alma del individuo para que el poder del retrato, que es una activación única (multidimensional), se expanda y amplíe con palabras que resuenan en la mente lineal. El retrato es un recordatorio constante de quién es realmente esa persona, en su núcleo, al nivel de su alma, y el motivo de que esté aquí. La explicación muestra modos de ver más allá en el retrato cuanto más vive con él la persona. El retrato ayudará al individuo a convertirse en la mejor versión de sí mismo mientras evoluciona.

Mi propio retrato del alma está en la cubierta de este libro. Se llama «Iluminación» y refleja el «propósito de mi alma»: acercar lo desconocido a la luz para que pueda verse y entenderse.

Para obtener más información sobre retratos del alma personales, visita mi página web, https://lon-art.com

GUÍA DE PREGUNTAS
PARA UN CLUB DE LECTURA

Esta guía del club de lectura para *Merlín moderno* incluye preguntas de la autora. Las cuestiones sugeridas intentan ayudar a que el grupo de lectura encuentre nuevos ángulos y asuntos interesantes sobre los que debatir. Espero que estas ideas enriquezcan vuestras conversaciones y disfrutéis aún más del libro.

1. ¿Qué experiencia te supuso un primer acercamiento a la multidimensionalidad mientras leías el libro?

2. Dada tu experiencia con la multidimensionalidad, ¿qué quiere decir para ti el título? ¿Investigaste sobre la historia de Merlín y Camelot para ampliar tu comprensión de dicho título? ¿Cuánto sabías sobre el mito antes de leer este libro?

3. ¿Cómo ha expandido tu percepción de la realidad leer este libro?

   a) ¿Participaste en las preguntas que se hacían los físicos cuánticos?

   b) ¿Te inspiró a investigar la geometría sagrada?

c) Si llegaste al libro con una comprensión budista, islámica, judía, hindú o cristiana, ¿te inspiró a investigar esos sistemas de creencias y sus prácticas contemplativas para profundizar en la relación con ellos?

4. ¿Entraste en sintonía al final de cada capítulo como se sugiere? ¿Te pareció útil? Ofrece un ejemplo de cómo uno de los ejercicios cambió tu perspectiva o amplió tu experiencia.

5. ¿Consideras que el libro es una buena guía sobre cómo pasar al modo perceptivo?

a) ¿En qué sentido ha influido en tu comprensión de ti mismo poder acceder al modo perceptivo?

b) ¿En qué sentido ha influido en tu comprensión de la realidad poder acceder al modo perceptivo?

c) ¿Tu actitud hacia ti mismo ha cambiado como resultado de tu experiencia del modo perceptivo? ¿Y tus sentimientos hacia los demás?

d) ¿Cómo ha influido tu experiencia en modo perceptivo en tu comprensión de lo que significa tener una relación con los demás?

e) ¿Cómo ha cambiado tu comprensión del mundo y tu papel en él gracias al libro, sobre todo al invitarte a entrar en el modo perceptivo y la multidimensionalidad?

6. ¿Hay otros modos de percepción que creas que puedes experimentar que no hayas usado antes de leer este libro?

7. ¿Cómo ha influido emplear las prácticas y ejercicios presentados en este libro en tu comprensión de la salud y el bienestar? ¿Y del éxito? ¿Y de la felicidad? ¿Y de la prosperidad? ¿Y de la contribución? ¿Y del amor?

8. ¿Cómo utilizas la Herramienta transformadora para el Merlín moderno? ¿Qué transformaciones has descubierto en ti mismo y tu relación con el mundo desde que has empezado a usarla?

9. Si tuvieras que enseñarle a alguien que te importa una de las prácticas o ejercicios que has aprendido en este libro, ¿cuál compartirías? ¿Por qué?

10. ¿Has descubierto que la experiencia de ti mismo como persona creativa (que tiene la capacidad de crear) ha cambiado mientras leías este libro? ¿Has descubierto nuevas formas de creatividad? ¿O quizás has recuperado aquellas que no practicabas desde hacía tiempo? ¿O incluso has reforzado la práctica creativa que trajiste contigo al libro?

11. ¿Qué otros libros recomendarías como lecturas para desarrollar o complementar *Merlín moderno*?

12. Si pudieras hablar con la autora, ¿qué pregunta candente te gustaría hacerle?

13. Si pudieras hablar con cualquiera de los escritores citados en el texto, ¿cuál sería y por qué? ¿Qué le preguntarías?

14. ¿Conocías el trabajo de la autora con la geometría sagrada? ¿Sientes curiosidad por saber cómo es?

15. ¿Querrías hacer el curso en línea para Merlines modernos tras leer el libro?

HERRAMIENTA TRANSFORMADORA PARA EL MERLÍN MODERNO

Estas plantillas te ayudarán a descubrir las creencias que se encuentran en el núcleo de tus pensamientos y sentimientos, que dan lugar a las historias que te cuentas y narras a otros y, en última instancia, que crean la señal vibratoria que envías al universo y al campo cuántico. Recuerda que, para ser un Merlín moderno poderoso, en total cocreación con el universo, tu señal necesita estar completamente alineada con tu deseo o visión. Por lo tanto, deberías comprobar las creencias que se encuentran en el centro de tu forma de ser.

El poder de las creencias

Como ya sabes, las creencias se encuentran en el núcleo de tu poder mágico: las que tienes sobre el mundo, sobre otras personas y, en especial, sobre ti. Esas creencias pueden influir en la capacidad para expresar tu potencial y crear una vida en la que encontrar alegría.

A continuación se muestran algunas directrices para revelar tus creencias personales que se reflejan en las historias que te cuentas y que relatas a los demás. Dado que nuestras creencias a menudo ocultan suposiciones, también encontrarás directrices para desenterrarlas, de forma que puedas desafiarlas y transformarlas (si son limitantes) o aceptarlas de manera consciente y fortalecerlas (si apoyan tus objetivos).

Explorar, transformar y reescribir

La Herramienta transformadora te guiará en estas prácticas:

◆ **Explorar** tus creencias y las suposiciones que encierran.

◆ **Transformar o fortalecer** esas creencias, evolucionándolas al desafiar o perfeccionar las suposiciones que encierran.

◆ **Reescribir las historias** o descubrir las actividades que te pueden ayudar a que te alinees con esas creencias evolucionadas.

Dos caminos

La Herramienta transformadora proporciona dos caminos que te guiarán hacia tu objetivo: uno sigue la vía de los conceptos y el otro, la de las historias. Ambos son igual de poderosos para dirigirte hacia nuevas percepciones y descubrimientos sobre las creencias escondidas en tu subconsciente.

Puedes trabajar con cualquier enfoque o descubrir que los dos funcionan igual de bien. Elige un objetivo que te ayude a averiguar los conceptos que se encuentran en el centro de tus creencias o explora cómo las historias que cuentas dan forma a esas creencias.

Este proceso dual puede verse como una doble hélice emergente: una espiral de evolución o transformación surge de tu trabajo con un concepto, y la otra, de tu trabajo con una historia. La conexión entre esos dos caminos te ayudará a ver formas de utilizar lo que aprendes en modo perceptivo y usarlo para manifestar lo que quieres en tu vida. Quizás descubras que es útil plasmar en un diario tus exploraciones y lo que extraigas de ellas.

CAMINO 1 **CONCEPTOS**	CAMINO 2 **HISTORIAS**
Objetivo	Objetivo
↓	↓
Conceptos	Historias
↓	↓
Preguntas	Preguntas
↓	↓
Suposiciones ocultas	Suposiciones ocultas
↓	↓
Transformación de conceptos	Descubrimiento de una nueva historia
↓	↓
Nueva creencia evolucionada	Nueva creencia evolucionada

Camino 1: Conceptos

1. Elige un objetivo.
2. Explora el (o los) concepto(s).
3. Transforma las creencias.

1. Elige un objetivo

Los objetivos pueden ayudarte a centrar tu investigación sobre las creencias, por lo que el primer paso es identificar un objetivo. Éste reflejará tu deseo de realizar cambios en una o más áreas de la vida. Por ejemplo, tu objetivo podría ser tener una relación amorosa con alguien. La mayoría de los objetivos que establecemos para nosotros mismos tienen varias capas y, al observarlos con atención, descubrimos los deseos que se encuentran de verdad en su núcleo. En nuestro ejemplo, el deseo de tener una relación se debe observar respecto al concepto de amor en general para entender la dinámica con el romance en particular.

Ten en mente el objetivo de una relación amorosa y piensa en lo siguiente:

- ♦ ¿Cómo quieres **sentirte**? Quizás te gustaría experimentar los sentimientos asociados a verte como una persona digna de amor (alegre, atractiva, interesante, cercana, abierta) o tal vez sólo quieras sentirte amado (oído, visto, entendido). Como principio general, reflexionar sobre cualquier emoción en modo perceptivo abrirá o aumentará tu sensación de conexión con la Fuente.

- ♦ ¿Qué **cualidad de la energía** te gustaría experimentar o expresar? Puede que quieras «dar amor» como expresión de la cualidad o «sentirte amado» como experiencia. Esto podría significar que te gustaría experimentar o expresar la energía del amor; quieres ser capaz de amar, compadecerte, compar-

266

tir, comprometerte y estar presente. Esta energía se basa en dar, en estar equilibrado y conectado con la autoestima, en sentirse parte de una Fuente Creativa abundante, cariñosa y siempre dispuesta a ayudar.

◆ ¿Qué **realidad física o material** te gustaría crear? Esto podría significar que quieres tener una pareja en tu vida.

◆ ¿Qué **relación** te gustaría tener o mejorar? Esto podría significar que quieres crear un nuevo tipo de relación romántica, matrimonio, alianza de negocios o estilo de crianza.

◆ ¿Qué **contribución** te gustaría hacer? ¿Quieres ser parte de una relación cocreativa con una pareja que tenga una visión de las relaciones que se alinee con la tuya? Tu visión podría ser que ambos os apoyarais para cumplir vuestros sueños individuales mientras desarrolláis la conexión entre vosotros.

2. Explora el (o los) concepto(s)

Usando el modo perceptivo, entra en tu interior para descubrir el concepto que te gustaría explorar. Ponte cómodo y cierra los ojos si así te sientes más a gusto. Siéntate con tu objetivo en mente y observa lo que surge. Cuando un concepto o imagen aparezca y resuene contigo, permanece ahí y contempla cómo cambia y evoluciona mientras lo relacionas con el objetivo.

Digamos que el concepto de «amor» apareció cuando reflexionaste sobre tu objetivo de una relación romántica, es decir, pensabas en el amor y cómo y dónde aparece en tu vida. Quizás te diste cuenta de que en realidad estabas observando dónde surgía el amor en general en tu vida. Al contemplar el amor, emergió el concepto «poco común» y fuiste consciente de que, en realidad, el amor es algo «poco común». Ahora, toma el concepto de «poco común» y examínalo.

Preguntas sobre las que reflexionar

Considera lo que has aprendido (mientras estabas en modo perceptivo) sobre la relación entre tu objetivo, el concepto y lo que quizás te esté diciendo sobre tus creencias (en este caso, sobre el amor). Aquí tienes algunas preguntas que podrías hacerte para conseguir una percepción más profunda:

◆ ¿Te consideras una persona cariñosa?

◆ ¿Hay alguna cualidad tuya que te haga ser cariñoso y atractivo? Quizás se te dé bien escuchar o seas compasivo, comprensivo y leal.

◆ ¿Consideras el amor como algo escaso, es decir, no tienes suficiente en tu vida?

◆ ¿Consideras que el amor es poco común? ¿«Escaso» es distinto a «poco común»?

◆ ¿Cómo cambian tus sentimientos en torno al amor (tu objetivo) cuando lo relacionas con el concepto de «poco común»?

◆ ¿Puedes considerar «poco común» como algo valioso? ¿O rico? Tal vez tengas mucho o la cantidad perfecta.

◆ ¿Eso te lleva a una sensación de abundancia?

◆ ¿Qué te hace sentir abundante?

Cuando encuentres los patrones o la relación entre tu objetivo (amor) y tu concepto (poco común), quédate con esa imagen o sentido. Permite que interactúen y bailen, y desarrolla tu comprensión de su dinámica. Quizás descubras que un concepto lleva a otro, y ése, a otro más. Tal vez pienses que esas imágenes o sentidos emergentes son una constelación de conceptos. ¿Qué percepción sobre tu objetivo emerge de ellos? Recuerda que la multidimensionalidad se caracteriza por el pensamiento y la imaginación no lineales y asociativos.

Las ideas que, en un primer vistazo, parecen opuestas en conflicto pueden acabar siendo opuestos complementarios que bailan entre sí.

Anota tus descubrimientos

Puedes anotar tus descubrimientos en un diario, dado que la escritura a menudo nos ayuda a profundizar en nuestro propio proceso de pensamiento y descubrir lo que se oculta en nuestro subconsciente. O tal vez prefieras hacerlo con imágenes (dibujos, cuadros o garabatos). A lo mejor incluso puedes probar a esculpir a través de un medio que moldees con las manos, como la arcilla, el alambre flexible o incluso el papel maché. Quizás te parezca que ésta es una buena manera de expandirte más allá de tu concepto inicial, explorando la constelación de conceptos que surgieron en modo perceptivo.

Por ejemplo, al escribir sobre cómo cambió y metamorfoseó el concepto de «poco común», tal vez consideres que sería interesante estudiar «abundancia» como concepto en relación con el amor. Si es así, vuelve al modo perceptivo e invita a los conceptos de «amor» y «abundancia» a bailar entre ellos. Quizás descubras que lo que emerge es la sensación de que el amor es ilimitado. Es posible que crees un dibujo que exprese una sensación de amor abundante o una forma en arcilla que capte la sensación de algo valioso e ilimitado al mismo tiempo. Puedes examinar todos los conceptos que creas que resuenan contigo. Tal vez «inspiración» podría ser el siguiente en este camino.

3. Transforma las creencias

A continuación, reflexiona sobre lo que tu exploración en modo perceptivo del «amor» y los conceptos asociados te ha revelado sobre las creencias que tienes y cómo éstas podrían evolucionar para ayudarte a experimentar mejor el amor.

♦ **¿Qué suposiciones hay ocultas en los conceptos que emergieron?**
Cada transformación de los conceptos revela algo sobre las suposiciones que dieron forma a dichos conceptos.

Por ejemplo, si «poco común» empezó como «escaso», quizás tras ese concepto se esconda la suposición «no suficiente». Tal vez el concepto de «poco común» haya contribuido a una creencia como: «No merezco algo que es escaso, como que me quieran». Si cambió hacia «valioso», es posible que la suposición «debe cuidarse y atenderse» se encontrara tras el concepto, y éste haya contribuido a una creencia como «No se me dan bien las relaciones, por lo que no merezco lo que es valioso; las personas que saben cómo cuidar lo que es valioso crean una especie de riqueza o abundancia para ellas mismas, pero yo no».

♦ **¿Qué percepciones profundas sobre tus creencias iniciales emergieron cuando contemplaste tu objetivo en relación con los conceptos?**
Por ejemplo, cuando empezaste a reflexionar sobre tu objetivo (amor), descubriste que tenías la creencia de que el amor es escaso, de que no mereces algo que es poco común, que no se te da bien cuidar de las cosas, por lo que no mereces algo tan valioso como el amor y no puedes crear la abundancia que caracteriza al amor.

Ésas son las creencias que deseas desafiar y transformar, y la evolución del concepto inicial de «poco común» a «valioso», «rico» y «abundante» te aporta una especie de mapa para esa transformación. Estás asimilando tus conceptos desarrollados y usándolos para construir una creencia evolucionada sobre el amor.

Por ejemplo, podrías generar una nueva creencia sobre ti mismo: eres poco común (sólo existe un tú) y eres valioso (único). Sólo hay un tú en todo el universo y las personas quieren experimentar tu «yo» único y auténtico. En tu contemplación, alcanzas un sentido del amor que es preciado e ilimitado. Si piensas en el concepto «el amor es ilimitado», quizás descubras que experimentas una especie de conexión con la Fuente. Surgiste de una Fuente repleta de amor que nunca va a dejar de quererte, por lo que siempre habrá una abundancia de amor. Para todos.

¿Cómo no ibas a resonar con el amor y expresarlo, dado que tienes sus cualidades en tu interior? ¿Cómo no iba a resonar contigo otra persona, ya que eres la representación de todas las cualidades que vuelven exitosa una relación amorosa?

Reflexiona sobre esta creencia transformada y transformadora en el modo perceptivo. Permite que crezca, se expanda y te impregne. Si escribes un diario, es un gran momento para expandir tu mapa inicial y rellenar los detalles de tu viaje.

Añade detalles a este mapa mientras escribes (o dibujas) las características del paisaje por el que te has desplazado: puedes anotar el cambio de conceptos, la forma en la que uno guiaba hasta otro, la manera en la que arrastrabas lo que habías aprendido en una etapa del camino hasta la siguiente y cómo lo que portabas te transformó mientras avanzabas hacia la creatividad. Quizás puedas incluso esculpir un recuerdo de cada concepto que exprese su evolución y nueva forma si eres de los que «piensan con las manos», y después describirlo en tu diario. La cuestión es captar la estructura básica del viaje, desde donde empezaste hasta donde has llegado.

Hayas o no registrado tu trayectoria por los conceptos que rodeaban al amor, ahora ya estás preparado para experimentarlo en cualquier ámbito. Cuando regreses al mundo 3D, porta esta creencia contigo y refuerza tu conciencia todo lo que puedas. Muéstrate abierto a todas las maneras en las que expresas y experimentas amor en tu vida. Cuando sientas que estás preparado, pon en práctica esta nueva creencia centrándote en cualquier expresión específica de tu objetivo.

Camino 1: plantilla de conceptos

A continuación, encontrarás un ejemplo de una plantilla inicial para este ejercicio basado en el objetivo de querer más amor. Te muestra cómo crear un mapa básico de tu viaje mientras exploras tu objetivo y los conceptos asociados a él.

Después, hallarás la misma plantilla, pero vacía, para que puedas usarla en tu propio flujo de descubrimientos y transformación. Si quieres imprimir esta plantilla para emplearla cuando desees explorar y transformar cualquier creencia con la que te encuentres, puedes descargarla de mi página web: https://lon-art.com/modern-merlin-templates

CAMINO 1
CONCEPTOS

OBJETIVO	Quiero tener más amor en mi vida.
OBJETIVO 3D	Quiero tener una relación amorosa.
EXPLORACIÓN EN MODO PERCEPTIVO	Me resulta poco común experimentar el amor porque ninguna persona me entiende.
	Me resulta poco común experimentar el amor porque no soy demasiado interesante.
	Me resulta poco común experimentar el amor porque no soy cariñoso.
CONCEPTOS	Amor
	Escaso
	Poco común
	Valioso
	Abundante
	Ilimitado
PREGUNTAS	¿Te consideras una persona atractiva?
	¿Hay alguna cualidad que te haga atractivo y digno de amor?
SUPOSICIONES OCULTAS	No hay amor suficiente que recibir.
	No merezco algo tan escaso como ser querido.
	No se me dan bien las relaciones.
TRANSFORMACIÓN DE CONCEPTOS	No merezco tener amor.
	No se me dan bien las relaciones.
	En lugar del amor es poco común, yo soy poco común, incluso único.
	Dado que soy único, soy valioso.
	Soy rico en potencial y deseos.
	Soy abundante en aspiraciones y energía.

CONSTRUCCIÓN DE LAS CREENCIAS EVOLUCIONADAS	Soy único y, por lo tanto, valioso. Tengo cualidades únicas que ofrecer, por lo que soy digno de ser amado. Sólo hay una persona como yo en todo el universo

CAMINO 1
CONCEPTOS

OBJETIVO	
OBJETIVO 3D	
EXPLORACIÓN EN MODO PERCEPTIVO	
CONCEPTOS	
PREGUNTAS	
SUPOSICIONES OCULTAS	
TRANSFORMACIÓN DE CONCEPTOS	
CONSTRUCCIÓN DE LAS CREENCIAS EVOLUCIONADAS	

Camino 2: Historias

1. Elige un objetivo.
2. Analiza la historia.
3. Transforma las creencias.

Esta plantilla básica para practicar la reflexión y el modo perceptivo funciona igual de bien si utilizas un concepto o si usas una historia sobre ti mismo (y te la cuentas a ti o a otros). También puedes trabajar con una historia que otros expliquen sobre ti y que consideres «verdadera» (por ejemplo, la historia sobre lo que hiciste cuando tenías tres años, de la que no tienes ningún recuerdo concreto, pero que has aprendido que dice algo sobre quién eres).

1. Elige un objetivo

Elige un objetivo en el que te gustaría centrarte para alcanzarlo o hacia el que progresar. Tus objetivos reflejarán tu deseo de realizar cambios en una o más áreas de tu vida. Para contrastar los dos caminos, ciñámonos a nuestro ejemplo de querer tener una relación amorosa.

♦ ¿Cómo quieres **sentirte**? Quizás te gustaría experimentar los sentimientos asociados a verte como una persona digna de amor (alegre, atractiva, interesante, cercana, abierta), o tal vez sólo desees sentirte amado (oído, visto, entendido). Como principio general, reflexionar sobre cualquier emoción en modo perceptivo abrirá o aumentará tu sensación de conexión con la Fuente.

◆ ¿Qué **cualidad de la energía** te gustaría experimentar o expresar? Puede que desees «dar amor» como expresión de la cualidad o «sentirte amado» como experiencia. Esto podría significar que te gustaría experimentar o expresar la energía del amor; quieres ser capaz de amar, compadecerte, compartir, comprometerte y estar presente. Esta energía se basa en dar, en estar equilibrado y conectado con la autoestima, en sentirse parte de una Fuente creativa abundante, cariñosa y siempre dispuesta a ayudar.

◆ ¿Qué **realidad física o material** te gustaría crear? Esto podría significar que deseas tener una pareja en tu vida.

◆ ¿Qué **relación** te gustaría tener o mejorar? Esto podría significar que quieres crear un nuevo tipo de relación amorosa, matrimonio, alianza de negocios o estilo de crianza.

◆ ¿Qué **contribución** te gustaría hacer? Quieres ser parte de una relación cocreativa con una pareja que tenga una visión de las relaciones románticas que se alinee con la tuya. Tu visión podría ser que ambos os apoyarais para cumplir vuestros sueños individuales mientras desarrolláis la conexión entre vosotros.

2. Analiza la historia

Con tu objetivo en mente, utiliza el modo perceptivo para ayudarte a elegir o descubrir la historia que te gustaría explorar. Ponte cómodo y cierra los ojos si así te sientes más a gusto. Reflexiona con tu objetivo en mente y observa lo que surge. Cuando una historia aparezca y resuene contigo, quédate con ella y observa cómo cambia y evoluciona mientras la relacionas con tu objetivo. Descubrirás, como hiciste con los conceptos, que la primera historia atraerá a una segunda historia, y tal vez ésta dé lugar a una tercera. Percátate de las otras historias que emergen mientras mantienes tu objetivo e historia en tu conciencia. Observa cómo cambian y evolucionan.

Contemplar

Ahora considera lo que has aprendido mientras estabas en modo perceptivo sobre la relación entre tu objetivo y esas historias, así como las conexiones entre ellas. ¿Qué te cuenta esa relación sobre tus creencias (en este caso, tus creencias sobre el amor)?

- ♦ Imagina que la historia que emerge en un principio es la que te contó tu madre sobre cómo ella y tu padre se conocieron en una época en la que estaban muy solos y desesperados, y cómo empezaron a salir porque no tenían a nadie más en su vida. Desde el principio les costó avanzar en la relación. Entonces, tu madre se quedó embarazada de tu hermana, por lo que decidieron casarse. Luego, te concibieron porque tu madre no quería que tu hermana fuera hija única, como ella. No te concibieron por amor.

  Quédate con el recuerdo de esta historia y observa cómo metamorfosea y se vuelve más rica en detalles a medida que atrae a otras historias que resuenan con ella. Tal vez veas lo consciente que eras de niño de las muchas personas solitarias que tenían relaciones, incluidos tu madre y tu padre... y cómo tú mismo te sentías solo en tu familia.

Quizás creas que estas historias captan exactamente lo que se siente al tener una relación con alguien, que la mayoría no se considera oída, vista y entendida. La desconexión entre tu madre y tu padre se convirtió, para ti, en la norma de las relaciones amorosas, por lo que esperas que tu propia relación sea así.

Regresar al modo perceptivo te ha permitido encontrar el camino de vuelta a la fuente de la historia: la experiencia de ti mismo (quizás incluso de tu propia alma).

♦ Tal vez la siguiente historia que surja sea sobre una relación amorosa en la que te involucraste con veinte años. Sabías en el fondo que vuestras almas no habían conectado, pero pensabas que con la compatibilidad intelectual sería suficiente. No creías que una conexión «real» fuera posible. Pensabas que todos estamos solos al final y nadie ve ni entiende a los demás. Ambos os sentíais infelices en esa relación y acabó terminando.

Esa historia llama a otra que resuena con esos sentimientos que surgen al involucrarte con otras personas que no coinciden contigo, al ponerte en un compromiso, al aceptar menos de lo que deseas realmente y al sentirte poco merecedor del «verdadero amor».

Observa qué sentimientos, temas o «lecciones» surgen de estas historias.

Busca si existen conexiones entre ellos, sobre todo si aparecen más de una vez.

3. Transforma las creencias

Ahora, estudia los sentimientos, temas y lecciones que hayan emergido de esas historias. ¿Qué reveló tu análisis sobre las creencias que tienes acerca del amor?

♦ **¿Cómo moldean esos sentimientos, temas y lecciones tus creencias acerca del amor?**
Tal vez estas historias moldeen la creencia de que para amar hace falta trabajar duro, lo que significa que debes comprometerte hasta un punto en el que no puedes ser tu verdadero yo, que el amor significa sentirse solo incluso cuando tienes una relación. Quizás creas que el amor (romántico) no es para ti.

♦ **¿Qué suposiciones ocultas hay en esta creencia?**
El amor es escaso, el amor no es para ti, el amor es decepcionante, inalcanzable y bastante imposible.

Ahora que puedes ver esas suposiciones ocultas, desafíalas preguntándote si crees que otras personas también las consideran ciertas. Percátate de lo que crees que es verdad sobre el amor para otras personas.

♦ **¿Qué percepciones más profundas sobre tus creencias iniciales emergieron cuando contemplaste tu objetivo en relación con las historias que contabas?**
Puedes reflexionar sobre tus sentimientos cuando lees historias, ves películas u observas a personas

felices en su relación. Puedes buscar momentos en los que te sintieras querido o reconocido, no sólo por una pareja, sino también por cualquier otra persona, una mascota o incluso la vida y el propio universo (la Fuente, Dios o el espíritu). Imagina qué sentirías si te consideraras amado, visto, oído y entendido. Encuentra alguna experiencia en la que te haya ocurrido algo así. Un ejemplo podría ser que, cuando fuiste al fisioterapeuta por un dolor de espalda, te hizo sentir totalmente visto y entendido.

¿Qué te dicen esos sentimientos sobre cómo percibes el amor? ¿Qué lecciones puedes extraer de ellos sobre lo que significa el amor para ti?

Transforma tus viejas creencias sobre el amor alineándolas o ampliándolas hasta hacerlas coincidir con lo que has aprendido sobre cómo te sientes cuando te consideras querido, cuando crees que perteneces a un sitio. Tal vez surja una nueva creencia sobre el amor que te cuente que es divertido, fácil y satisfactorio, que hay suficiente amor para todos, que un poder superior siempre nos apoya, conoce y quiere.

Quizás ahora creas que puedes sentirte visto, entendido y querido en esta vida. Encontrarás dicha verdad cuando resuenes con esas energías, que vibran cuando recuerdas el amor (la experiencia de amor en cualquier forma, no sólo el amor de pareja). Resonarás con esas energías cada vez que recuerdes una experiencia vivida (la historia real) que se encontraba oculta tras la historia que has aprendido a contar una y otra vez para sentirte a salvo, cumplir las expectativas de otros o hacer «lo correcto»…

Quédate con esta creencia transformada y transformadora en el modo perceptivo. Permite que crezca, se expanda y te impregne. Ahora estás preparado para experimentar amor en cualquier ámbito.

Cuando regreses al mundo 3D, lleva esta creencia contigo y refuerza todo lo que puedas tu conciencia con tu experiencia diaria. Muéstrate abierto a todas las maneras en las que expresas y experimentas amor en tu vida. Tus experiencias con el amor y tus observaciones sobre el tema (considerarte oído, visto y entendido en el presente) te permitirán desafiar y transformar las lecciones de las historias que has estado llevando contigo hasta ahora. Sé consciente de las historias que te cuentas sobre el amor y alinéalas con tus nuevas creencias. Permite que estas nuevas historias sigan ampliando tu sensación de amor y fortalece tu conciencia sobre ella. Cuando sientas que estás preparado, pon en práctica esta nueva creencia centrándote en cualquier expresión específica de tu objetivo.

Camino 2: plantilla de historias

A continuación, encontrarás un ejemplo de una plantilla inicial para este ejercicio basado en el objetivo de querer más amor. Te muestra cómo crear un mapa básico de tu viaje mientras exploras tu objetivo y las historias asociadas a él.

Después, encontrarás la misma plantilla, pero vacía, para que puedas usarla en tu propio flujo de descubrimientos y transformación. Si deseas imprimir esta plantilla para usarla cuando desees explorar y transformar cualquier creencia con la que te encuentres, puedes descargarla de mi página web: https://lon-art.com/modern-merlin-templates

CAMINO 2
HISTORIAS

OBJETIVO	Quiero tener más amor en mi vida.
OBJETIVO 3D	Quiero tener una relación amorosa.
EXPLORACIÓN EN MODO PERCEPTIVO	Matrimonio de mis padres.
	Mi matrimonio con veinte años.
	Otras relaciones en las que me involucré.
LECCIONES DE LAS HISTORIAS	Alejarse de la soledad.
	Alejarse de la incapacidad para creer que puedo formar parte de un matrimonio.
	Alejarse de la incapacidad para creer que puedo encontrar un alma gemela.
SUPOSICIONES OCULTAS	Si no aceptas a esta pareja, nunca encontrarás otra.
	Si me muestro tal y como soy, nadie me querrá.
	No logro atraer a un alma gemela.
DESAFIAR VIEJAS HISTORIAS Y SUS LECCIONES	Puedo no tener pareja y experimentar amor.
	No necesito una pareja para sentirme querido.

	Cuanto más me muestre como soy, más fácil me resultará atraer el amor.
	Ser totalmente yo es la vibración más fuerte para atraer a un alma gemela.
CONSTRUCCIÓN DE LAS CREENCIAS EVOLUCIONADAS	Al mostrarme totalmente como soy, experimentaré el amor.

CAMINO 2
HISTORIAS

OBJETIVO	
OBJETIVO 3D	
EXPLORACIÓN EN MODO PERCEPTIVO	
LECCIONES DE LAS HISTORIAS	
SUPOSICIONES OCULTAS	
DESAFIAR VIEJAS HISTORIAS Y SUS LECCIONES	
CONSTRUCCIÓN DE LAS CREENCIAS EVOLUCIONADAS	

A PROPÓSITO DE LA AUTORA

Lon es una artista de la geometría sagrada reconocida internacionalmente, escritora y creadora de dos galardonados oráculos de cartas superventas, el *Oráculo de activaciones de geometría sagrada* y el *Oráculo de la geometría sagrada de las relaciones*. Como fundadora de Lon Art, ofrece herramientas personales para la transformación, lectura de cartas y retratos del alma que te conectan con el propósito de tu alma. El trabajo de Lon inspira ideas originales y activa el pensamiento más allá del día a día para que puedas realizar cambios reales en tu vida y convertirte en la mejor versión posible de ti mismo. Para obtener más información, visita https://lon-art.com

ÍNDICE

Parte 3
TU VIDA

Platón decía que la geometría sagrada era el lenguaje del alma. Durante miles de años, la geometría sagrada ha formado parte de casi todas las culturas. Es el vínculo que nos conecta a todos nosotros con el cosmos; es el verdadero diseño de nuestra alma. La geometría sagrada es la huella de la creación en la esencia de la todas las formas, incluso en tu propia esencia.

La artista cuántica LON ha creado 44 Activaciones que ayudarán a que tu mente analítica se aparte y puedas entrar en el dominio del subconsciente y del alma, y te conectes con el campo cuántico: el espacio del potencial infinito. Trabajar con estas cartas a diario te ayudará a pensar de manera innovadora, a crear una profunda sensación de paz en tu vida y a convertirte en un poderoso creador consciente.

Sintoniza tu conciencia con la geometría sagrada y cambia la forma en que te relacionas con los demás. La artista cuántica LON ha creado 44 Activaciones más 1 adicional que respaldarán tu comprensión de muchos conceptos poderosos que están en el centro de todas las relaciones. La geometría sagrada de sus imágenes permite que tu mente consciente se aparte para que se establezcan nuevas conexiones energéticas en un nivel subconsciente. Junto con seis distintivas tiradas de cartas, poderosas afirmaciones y descripciones detalladas, tu mente adoptará una forma diferente de pensar y aportará nuevas ideas sobre las relaciones en tu vida.